小谷野 敦

Muko-Shuto Mondai
Atsushi Koyano

ムコシュウト問題

現代の結婚論

弘文堂

ムコシュウト問題 現代の結婚論

◎目次◎

序文

『女性婚のススメ　女性の苗字で結婚すれば、幸せになれる』（伊達蝶江子《ちえこ》、メディアファクトリー、二〇一二）という本がある。特に話題になった本ではないが、ふとしたことから手にした私の頭は、疑問符だらけになった。

題名どおりの本である。

かつて日本では、一人娘や、女だけの姉妹の場合、「婿養子」をとって家名を残そうとした。旧民法では、婿が妻方の親の養子になり、家長となったが、新民法では、単に妻方の姓に変えただけでは、「婿養子」ではないという。

たとえば、ノーベル賞作家・川端康成（一八九九 - 一九七二）には実子がなく、従兄の娘を養女とし、結婚に際して男方が川端姓となった。東大教授だったロシヤ文学者の川端香男里《かおり》（一九三三 - 　）で、旧姓は山本である。今も、川端家の代表として著作権などをマネージしている。実妹《じつまい》は、西洋美術史で知られた若桑みどり（一九三五 - 二〇〇七）である。

結婚したのは一九六七年で、はじめは北大に勤務していたから札幌に住んでいたが、ほどなく東大に勤務が代わって、鎌倉の川端康成夫妻の家に、二世帯住宅のようなものを作って同居し、男児と女児をあげた。川端康成は七二年に自殺したから、あとはその未亡人が二〇〇二年に死去するまで一緒に暮らしてきた。（未亡人という言葉はいやな言葉で、川端もそう書いているが、あまりに便利である。後家《ごけ》とか寡婦《かふ》とか言うのもおかしいので、しかたなく使う）

だが、香男里は「養子」ではない。単に姓が川端になっただけである。それを、「婿養子」ではないと言っても、こんな風に妻方の両親と同居していたら、それは実質上、婿養子と同じである。

実は当初、結婚の話がまとまった時は、康成は、川端姓になることを要求してはいなかった。香男里の長兄が加わって両家顔あわせをした時に、それを言い出したのである。川端家は、鎌倉幕府執権だった北条泰時の子孫と言われ、大阪府茨木《いばらき》市で代々続く庄屋の家柄である。

この康成の提議を受けて別室で協議し、香男里が長男ではなかったこともあって、これを受け入れることにしたのである。

ほどなく、康成が自殺し、以後香男里は、東大助教授、教授を務めながら、川端家のスポークスマンとして活動することになる。

さて、『女姓婚』では、「嫁姑問題も解決する」ということが書かれている。嫁姑問題というのは、狭い意味では、長男ないし嫡男の妻として、夫の両親と同居する専業主婦が、なぜかもっぱら姑との間に感情的齟齬をきたすことをさす。広くとれば、長男や嫡男でなく、同居していなくても、息子の嫁と姑との間がぎくしゃくしたら、嫁姑問題と言えるだろう。

その根底にあるのは、自分が愛しかわいがってきた息子を、嫁に奪われたと感じ、嫁の若さに嫉妬するという姑の感情である。徳冨蘆花《ろか》の『不如帰《ほととぎす》』（一八九八）や、有吉佐和子の『華岡青洲《はなおかせいしゅう》の妻』（一九六七）など、嫁姑問題を描いた文学作品も多い。驚いたのは、一九八三年の山田太一のドラマ『ふぞろいの林檎たち』で、古典的な姑による嫁いじめが描かれていたことで、古風だなと思ったものだ。

だがそれなら、ムコシュウト問題というのもありえるのではないか。テレビドラマ「必殺仕置人」では、外の世界ではわりあい残虐な手法で悪をこらしめる藤田まことが、家では婿養子で、姑からあれこれと嫌味を言われるのが隠し味になっていた。

今では「マスオさん」などと呼ばれる、姓は妻が夫のものに変えるが妻方に同居する状態がよく知られている。川端香男里のように、実質上の婿養子状態というのもある。そこでは、かわいい娘を奪われたという、舅（岳父）の不快感とか怨念というものは、ないのだろうか。あるだろう、あるに決まっている。

近頃、晩婚化や非婚化が問題になり、さらにそれを過ぎて女性の専業主婦志向も強まっているが、そういう女性が望むのは、夫の両親との同居ではない。

さらに、娘を結婚させたがらない母親というものもクローズアップされてきている。それなら、そういう娘がいざ結婚した際には、「婿姑問題」というのも起こりうるはずである。「嫁姑問題」では、川端康成の『山の音』（一九四九‐五四）が描くように、舅は嫁に優しいということが前提とされているが、何もそうとは限らないだろう。つまり、嫁‐舅姑小姑問題や、婿‐舅姑小姑問題というのがあるのだ。

さらに、戦後民法で家制度は否定されたというが、現実には家名を残したいという家はいくらもある。だから戦後しばらくは、養子、婿養子というものは生きていたのであり、男で結婚や養子入りによって改姓した人は多かった。ところが戦後、昭和三十年ころから、一組の夫婦が生む子供の数が、それ以前に比べて激減し、平均二人になった（山田昌弘『結婚の社会学』丸善ライブラリー）。その世代が大人になる一九八〇年代以後、あちこちで家名断絶の危機が起きているはずなのである。

しかもそこへ、夫婦別姓法などというものが、リベラリズムの皮をかぶって登場したが、その急先鋒だった野田聖子は結局、野田の家名を残したかっただけであった。家名などどうでもいいではないか、と思う人もいようが、地方の旧家では、先祖代々の墓というのがあって、墓参りをする人がいなくなるというのは大変なことなのである。

そんな話は、自分の周囲には全然ない、と言う人もいるかもしれない。確かにそういう「家」は、昔に比べれば減ってはいる。だがなくなってはいない。それに、関係ないという人でも、結婚して、相手に親がいたら、おのずとその親との関係があるだろう。それも関係良好だ、という人もいるだろう。

ともあれ、ここでは、ムコシュウト問題に始まって、ずいぶん複雑になってしまった現代の、二十一世紀日本の「結婚」というものについて、考えていきたいと思うのである。

Muko Shuto

第一章

ムコシュウト問題の実態

「小糠三合《こぬかさんごう》持ったら婿養子に行くな」という言葉がある。「小糠三合」というのは、わずかなものだが、その程度でも財産があったら、婿養子になるなという意味で、それだけ婿養子になるには苦労がつきまとうという意味である。

あるいは、「嫁は下の家から貰え」という言葉もある。あまり自分の家より立派な家の娘と結婚すると、妻の実家がなにかとうるさい、という意味である。

渋谷の松濤《しょうとう》は、高級住宅街である。東京では、田園調布、成城と並び称される。これは私が行っていた東大教養学部のそばだったので、若いころ、憧れを持って歩いてみたことがある。そこの邸には、姓が二つ並んだ表札が多かった。つまりマスオさん家庭である。その頃私は、いい家の令嬢と結婚したいと思っていたから、あこがれたものである。だが、さぞかし苦労もあるだろうと思われた。

ひところは「ニューファミリー」などと言って、親とは関係なく、若い夫婦が二人だけで住むというのが理想とされたこともあった。実際、二人とも実家が地方にあって、東京など大都市で知り合い、また二人とも、長男とか一番上の子とかでなく、あるいはまだ親が若いうちは、それもいいだろう。二世帯住宅などというのも開発されて、有名な東大教授の文学者の、二世帯住宅になっている山の手の家などというのを、私は訪れたこともある。

日本人の平均寿命はずいぶん伸びて、少子高齢化社会と言われている。人口構成は、きわめて老人が多くて子供が少なくなっている。ムコシュウト問題が、昔はさほどでもなかったのは、昔の男の平均寿命が低く、妻よりずっと早く死んだからでもある。川端家の場合、岳父はノーベル賞作家だから大変な重圧だが、結婚後ほどなく死んだ。それに結婚した時も三十歳を超えていた。これが今では、岳父が八十、九十まで生きているということが少なくない。これは大変である。婿入りすると、三十年近く、舅姑とつきあわなければならなくなるのだ。

もちろん、老いて心身が不自由になった老親の介護も、あちこちで重大問題になってきている。作家の丹羽文雄（一九〇四‐二〇〇五）のように、ボケたまま二十年近く百歳まで生きて、介護をしていて手記も刊行した娘の本田桂子が先に死んでしまうなどという悲劇もある。皮肉なことに丹羽が若いころ書いた「厭がらせの年齢」という短編は、ボケた老婆に家族が苦悩するという話だった。

耕治人《こうはると》（一九〇六‐八八）という作家がいた。不遇の作家で、はじめ画家を志して中川一政《かずまさ》に師事するが、絵では食えないと思って文学に転向し、歌人の千家《せんけ》元麿に師事するが千家も頼りにならず、川端康成を頼り、出版社の仕事や校正の仕事で糊口《ここう》をしのぎつつ、私小説などを書き続けた。だが、耕の誤解と、川端の妻の弟のしうちのせいもあって、川端の義弟と土地をめぐって裁判で争い、助けてくれなかった川端を恨むようにもなる。

一九八七年、耕を支え続けた妻のヨシ子が痴呆症になり、失禁したり、遂には耕のことが分からなくなる。失禁したヨシ子の世話をする耕に、「どんなご縁であなたにこんなことを」と言い、施設に入って耕が会いに行き、施設の人が「旦那さんですよ」と言うと、「そうかもしれない」と言う。耕はこれらを「そうかもしれない」「どんなご縁で」「天井から降る哀しい音」などの私小説に結実させて高い評価を得るが、耕自身ががんを患い、八八年には死んでしまう。その直後、NHKでドキュメンタリー「ある老作家夫婦の愛と死」が放送されて大きな反響を呼び、耕の没後刊行された『そうかもしれない』は話題になった。最近、桂春団治と雪村いづみが主演して映画化されたが、その時ふと私は、妻のヨシ子はいつ死んだのだろうと思った。耕の年譜に、そのことは書かれていない。調べてみると、ヨシ子は二〇〇二年に九十二歳で死んだことが分かった。つまりあの「そうかもしれない」の時から十四年間、夫が死んだことが分かっているのかどうかも分からない状態で、生きていたのである。そのことに、私は総毛《そうけ》だつほどの恐ろしさを感じた。これは、余談である。

潜在的なムコシュウト問題というのもある。結婚前には、どうしたって相手の親と顔あわせをすることになるが、そこで、「合わない」ということが起こる。特に、父親がひどくかわいがっている娘の場合、結婚したいと言ってやってきた男に対しては、最初から敵意をもって臨《のぞ》んでいるから、そうなる率が高くなる。その結果、結婚までなしになってしまうということもある。

脇光雄の『ゼロから始める婚活入門！』（文芸社、二〇〇九）という本がある。著者は、「マリッジコミュニケーション代表」となっている。結婚相談所の婚活アドバイザーだという。この本に、結婚相談所の所長の娘が、結婚が決まって、男が両親に会いに来た時のあいさつが記されている。女の父親は涙が出るほど感激したという。

「お嬢さんと付き合っていると、ご両親が本当に大切に育ててこられたことがよくわかります。僕はご両親に負けないくらいにお嬢さんを大切にしますから、僕たちの結婚を許してください」

というのだが、施行されて六十五年たつ日本国憲法に、「婚姻は、両性の合意のみによって成立する」とあることは、たいていの人が知っている。つまり、親に「許」してもらう必要はないのである。

脇という人は一九五六年生まれとあり、私の六つ上に過ぎないが、それでも、こういうエピソードを、何の疑問もなく書いている。

現に「結婚することになりました」と言って娘の父親の怒りをかった男もいるし、私も最初の結婚の時に、「家長として」などと言う相手方の父親と、日本国憲法を持ち出して論争になったことがある。

「妻の財多く妻の親貴《たっと》きは禍《わざわい》の源たり易し」と、離婚経験のある森鷗外（一八六二 - 一九二二）は書いている（「心頭語」）。まさにそれで、妻方の実家に財産があったり、父親の社会的地位が高かったりすると、婿は苦労する。婿の実家がそれを超えていればいいが、下であると、破綻の率は高い。

特に、昔であれば、女はいずれ結婚すべきだという観念が強かったから、父親はしぶしぶでも認めたり、周囲も当人たちも何とか結婚が成立するために努力したが、今、大学を出て仕事を持っている女の場合、別に無理して結婚しなくてもいいという考え方があるし、フェミニストの中には、結婚制度そのものを否定する人もいる。しかも両親はいつまでも生きていて、死ぬころには娘は五十、六十になっている。

別に父親がフェミニストであるわけではないが、ここでは、単なる親のエゴイズムと、リベラリズムが妙な形で手を結んでいるのである。

それで、娘が生涯独身でいていいのか、というと、どうも父親としては、自分が生きている間娘がそばにいてくれればそれでいいらしいのである。母親の場合もっとそれが激しくて、娘の縁談をつぶすために裏からこまごまと手を回す人がいる。別に結婚したから幸せになるとは限らないのだが、母親が結婚して不幸だったと思うためにそうなるのかもしれない。だが、娘が六十になって、両親を失った時に、どうなるのか、天涯孤独、まあきょうだいがいる場合もあるが、一人娘であればまことにひとりぼっちである。それをどうするのか、こういう親は、全然考えていないのである。自分が生きている間、娘を手元にひきつけておければそれでいいのである。

さて、夫婦別姓法案だが、これが実に面妖なしろものなのである。問題になり始めたのは一九九〇年代かと思うが、もともと「戸籍」というのは、日本特有の制度で、明治期にできたものである。のち、日本が台湾と朝鮮半島を自国領にした際に、戸籍制度も植えつけられたため、韓国と台湾にもある。徳川時代までは、名前というのはいい加減なもので、「西郷吉之助隆盛」のように、通称、諱《いみな》があったり、「勝麟太郎、海舟、安房守、義邦」などいろいろあった。それが明治になって、姓一つ、名前一つに決めるようにされたのである。桂小五郎が木戸孝允《たかよし》になったことはよく知られているが、土佐の乾《いぬい》退助も、戊辰《ぼしん》戦争の時、甲州を鎮撫《ちんぶ》していて、板垣と改姓している。というのは、武田信玄の幕下《ばっか》に板垣信形《のぶかた》などの武将があり、退助はその子孫だと言われていたから、甲州領民の心をとらえるため、鎮撫総督の命令で改姓したのである。存外、昔の人でも、家名にはこだわらなかったという例である。

西洋やイスラム諸国に戸籍というのはないから、出生した時に地元の役所に届けるだけである。ということは、別の土地へ行ってまったく別の人間として生きてしまうということができる。日本には「重婚罪」があるが、実際に重婚罪を犯すことは、戸籍制度がある限り不可能である。

したがって他国では、名前は「姓」+「名」という風に固定してはいない。ヒラリー・ローダム・クリントンとか、ローラ・インガルス・ワイルダーのように、結婚したら旧姓の下に夫の姓をつけたりする。

夫婦別姓法反対論者は、家族の一体感が失われるなどと言うが、そうではなくて、まったく、子供の姓をどうするかという問題に帰着するものである。

夫婦別姓推進派の中には、明らかに家名を残したいという女がいて、その代表が野田聖子であった。野田ははじめ自民党参議院議員の鶴保庸介と「事実婚」をして、高齢であったため人工授精をくりかえしたが、うまくいかなかった。事実婚だから、子供が生まれた時は自動的に野田姓になるのだ。結局、鶴保との関係は破綻したが、野田はなお諦めず、五十歳になって、自身の事実婚相手の精子と海外の女性の卵とで人工授精を行い、出産したが、超高齢出産で、子供は多数の障害を持っていた。

結局、その相手の男性に野田姓になってもらい、めでたく「家名」は維持されたのだが、その生まれた子供が将来、野田家を存続させる力になるとは考えにくい。

夫婦別姓法案では、子供の姓は、はじめに決めておくことになっている。だが実際にそのような法が施行されたら、家名を存続させたい女が相手だと、子供の姓を決める段階でもめるだろう。あるいは、子供が生まれた時点で離婚裁判に持ち込むとかして、夫婦関係が破綻することになるだろう。

それくらいなら、はじめから、「うちは一人娘なので家名を名乗ってほしい」という条件で結婚相手を探すべきである。だが現在、そういう要求に答える、ないしは答えられる男は少ない。そうなると、「私は事実婚派だから」などと嘘をついて男をだまし、子供が生まれて自動的に女の姓になったところで男を追い出すといった詐略《さりゃく》を用いる女もすでに現れているはずだ。

それに対して、高市早苗は、通称として旧姓を使用できる夫婦別姓法案を唱えて野田と対立しているが、今ではなぜかともに自民党の三役に連なっている。ところが高市は、言説の上でミスを犯したことがある。高市は結婚して山本姓だが、通称として高市を使っており、これは自身の主張の通りである。ところが、自分たち夫婦は、山本家と高市家の双方の墓に参っている、と書いたのである（「何度でも言おう！　夫婦別姓は誰もしあわせにしない」『正論』二〇一〇年五月）。おそらく、保守派向けに、先祖代々の墓地を大切にしているということをアピールするために書いたのだろうが、しかしそれだと、次の世代では、四つの墓に参り、さらに次の世代では八つの墓に参らなければならないことになってしまうのだ。

だいたい、墓地というものは、増えるけれども減らない、厄介なものである。これまでは、戦争があるたびに墓地も荒れてなくなったりしていたが、戦争がなくなり、墓地は先進国では増える一方で問題になっている。

宗教学者の島田裕巳《ひろみ》は『墓は、造らない』（大和書房）で、墓参りというのは伝統的な行事ではなく、戦後になってマイカーが普及し、レジャー的な感覚でおこなうようになったものだと述べているが、さもあろう。徳川時代に、いったん先祖代々の土地というのを離れてしまえば、毎年墓参などできるはずがないからである。

私は、いっそ墓地など廃止したらいいと思う。人間は、死ねば無である。あの世から見ているとか、墓の中にいるとか、そういうことはない。私は母が死んだ時に墓地を購入したが、なかなか手続きも費用も大変だった。三鷹に住んでいた時、近くの禅林寺《ぜんりんじ》には、森鷗外や太宰治の墓があって、そういう関係ない人も行きたくなるような人物の墓ならいいが、そうでない墓は、なくしてもいいと思う。母の墓は、私や、母を記憶している人が生きている間だけあればいい。そのあとは、どうなっても構わないと私は思っている。

そんな、リベラリズムやフェミニズムの皮をかぶった夫婦別姓法案など主張するくらいなら、戸籍制度の廃止を唱えるのが筋である。折衷《せっちゅう》案的に、最近では、複合姓を名乗る人もいる。安田横山京子、とかいうやつだ。しかしこれも墓と同じで、その子供が同じことをしたら、安田横山深井田村と、四つの複合姓になり、その子供の世代では八つになってしまう。

天皇家は万世一系と言われ、神武天皇は伝説の人物だとしても、天智天皇あたりからは、男系で継承されて今日にいたっていると言われるが、徳川時代の大名家などは、養子とりに次ぐ養子とりで、純血主義とはほど遠い。それでも、松平家がいくつもあってその間で養子とりをしているなら、いずれにせよ一族だと言えるが、この傾向は上流・中流階級では昭和三十年ころまで続いたと言ってよかろう。首相を務めた吉田茂（一八七八‐一九六七）は、竹内綱《たけうちつな》の子で、吉田家へ養子入りしている。

日本は養子制度の盛んな国で、男子嫡流主義の強いシナや朝鮮とは異なる。シナ、朝鮮が一夫多妻制の強固な国々なのはそのせいで、日本は中途半端に一夫多妻制を取り入れており、何が何でも当主の血をひく男子を後継にしようという意思は弱い。天皇家だけが例外的に男子一系主義であり、つまり天皇家はシナ風だということになる。

大名・旗本の次男坊以下は、どこかの家から養子の口がかからないと、いつまでも結婚もできず部屋住みの身分で埋もれていなければならなかった。桜田門外で暗殺された井伊直弼《なおすけ》（一八一五‐六〇）などは、優れた能力を持ちながら、十四男だったため、三十過ぎまで部屋住みで、自ら「埋木舎《うもれぎのや》」と名づけた室に住んで学問をしていた。ほかの兄たちがみな養子の口を見つけていなくなったあとで、長兄直亮《なおあき》が死去し、継嗣がなかったため、急遽彦根井伊家の領主となり、大老にまでなったのである（井伊家は大老の家柄）。

政治家・企業重役といった家では、今もなお、政略結婚の一種ともいうべき、閨閥づくり結婚がおこなわれている。

　田中角栄（一九一八‐九三）がかわいがった娘の真紀子（一九四四‐　）の結婚相手は鈴木から田中姓になり、田中直紀《なおき》（一九四〇‐　）として政治家になったが、角栄の女婿《じょせい》というだけで、大した者にはなれなかった。現在の総理・安倍晋三の父・安倍晋太郎は、岸信介《のぶすけ》の女婿である。自民党の竹下派の後身は津島派で、今は額賀《ぬかが》派になっているが、津島派の領袖《りょうしゅう》・津島雄二（一九三〇‐　）は、太宰治の女婿である。太宰の長兄・津島文治《ぶんじ》（一八九八‐一九七三）は政治家だったが、息子が政治家にならず、娘は政治家の田沢吉郎《きちろう》に嫁がせたが、地盤を継がせる者がなかったため、太宰の長女・津島園子（一九四一‐　）に官僚の上野雄二を婿として迎えて津島雄二にしたのである。次女は津島佑子の名で作家になっており、愛人の子も太田治子という作家なので、太宰の子は政治家と作家に分かれたことになる。

　弟子が師匠の娘と結婚するというのは、学者の世界でもわりとよくある話である。ただこれは、「マスオさん」になることが多い。東大教授を五十歳くらいで辞めた中野好夫（一九〇三‐八五）は、多くの翻訳でも知られるが、最初の妻（一九〇七‐四〇）は詩人・土井晩翠《どいばんすい》（一八七一‐一九五二）の娘だった。中野は戦前から東大助教授で、師匠の斎藤勇《たけし》（一八八七‐一九八二）にかわいがられていた。斎藤は保守派の英文学者で、伊藤整が『チャタレイ夫人の恋人』の完訳を、猥褻文書として起訴された際、検察側の証人に立っている。中野も戦時中はナチス礼賛などをしていたが、戦後はころりと転向して「進歩的文化人」として活躍した。

だが、中野の最初の妻は、三人の子を産んだあとで死んでしまい、中野は再婚した。長男の中野好之《よしゆき》（一九三一‐　）は政治学者になったが、父のリベラル左派の思想は受け継がず、フランス革命を批判した英国の保守派政治学者エドマンド・バークを研究し、母方の祖父の晩翠の旧居の相続税問題を熱心にやっていた。好之は高校卒業後、父のツテか、新潮社に一年少し勤務して、それから突如「家出」して北海道へ渡り、札幌駅頭で野宿したが、やむなく逆戻りして、新宿駅で野宿、銀座で発見され、その後大学へ入り直すという奇妙な経験をしており、そのことを奇妙な文章で書いた随筆がある（「「家出」始末記」『新潮』一九五六年十一月）。どうも屈折した人らしい。

これに対して同じ母だが妹の中野利子（一九三八‐　）は、『父中野好夫のこと』（岩波書店）を書いて日本エッセイストクラブ賞をとるなど、父の思想に忠実である。男の子は母方につき、女の子は父につくという、フロイト的ともいうべき例の一つだろう。もっとも、そうなった詳しい経緯は分からない。

私の周囲にも、師匠の娘と結婚して東大教授になったといった人はいる。シェイクスピア学者の河合祥一郎・東大教授は高橋康也先生（一九三二‐二〇〇二）の娘と結婚しているが、高橋先生は七十歳で割と早く亡くなった。フランス文学の新倉俊一《しゅんいち》（一九三二‐二〇〇二）の娘と結婚した松村剛（一九六〇‐　）は、夫婦そろってフランス中世史の学者で、剛は東大教授である。比較文学の平川祐弘先生（一九三一‐　）は、戦後、東大教授を辞めたドイツ文学者の竹山道雄（一九〇三‐八四）、つまり『ビルマの竪琴《たてごと》』の著者としても知られる人の娘と結婚しているが、これは竹山の意向でもあったらしい。

しかし、私の比較文学における師匠連の娘が、私の周囲の弟子たちと結婚したという例はない。芳賀徹先生（一九三一-　）は娘がなかったせいもあろうが、多分みんな怖かったのであろう。文学者の世界でも、娘を作家と結婚させるという例は、ないことはない。徳田秋聲（一八七二-一九四三）の娘は作家の寺崎浩（一九〇四-八〇）と結婚したが、寺崎自身があまり知られていない。森鷗外の娘の茉莉（一九〇三-八七）は作家となるが、はじめは東大助教授でフランス文学者の山田珠樹《たまき》（一八九三-一九四三）と結婚し、のち東大教授となる山田𣝣《じゃく》（一九二〇-九三）ほか一男を産んでいるが、ほどなく離婚した。茉莉はこの世で鷗外が理想の男性だったというくらいのパッパ崇拝だから、ほかの男とうまくいくはずがなかったのである。

作家・瀧井孝作（一八九四-一九八四）は、あまり知られていないが、長く芥川賞の選考委員を務めた私小説作家で、その娘の新子《しんこ》は、国文学者の小町谷照彦《こまちやてるひこ》（一九三六-　）と結婚し、瀧井存命の当時から今にいたるまで八王子に住んでいる。鷗外のもう一人の娘・小堀杏奴《あんぬ》（一九〇九-九八）は随筆家で、夫は画家の小堀四郎だが、娘の桃子は、横光利一の次男・佑典《ゆうすけ》と結婚した。なかなか、文壇の閨閥もあなどれない。

しかし、学者が師匠に見込まれてその娘と結婚したはいいが、学者として大成できなかったりすると、けっこう悲惨である。米国の劇作家エドワード・オルビー（一九二八‐　）の名作戯曲「ヴァージニア・ウルフなんかこわくない」は、エリザベス・テイラー主演で映画化もされているが、映画のできはよくない。これはどこかの私立大学で、学長の娘と結婚した歴史学者が、大した学者になれず、妻との関係も悪化しているさまを描いて、実にすさまじい。私は大学時代に読んで感銘を受け、オルビーで卒論を書いた。しかし大学院入試に落ちたので撤回し、翌年はシェイクスピアで卒論を書いた。いったい、二十歳くらいの若者が、なんで夫婦間の溝の話などに感銘を受けたのか謎だが、その後私が大学院へ入ってから、自分が大した学者になれないのではないかという恐怖から神経症になってしまったりしたのは、まあ元来そういう性格だったからだと言うべきで、要するにそういう「人生すごろく」が気になる人間だったのだろう。

ムコシュウトで言うと、やはり、かわいい娘をとられるという意識がある。そこで、ムコが大した人間でなければケチがつけやすい、ということがあるが、逆に、ムコがあまりに立派な人間だと、シュウトが嫉妬するという問題が起こる。場合によっては、父親が息子に嫉妬するということもある。これは、妻の愛情が息子に注がれた結果でもあろう。

もちろんその場合、妻や娘が美人かかわいいかといったことも、いくらかは問題になる。どうでもいい、という夫や父もいるだろうが、そういう場合にはもとより、さしたる問題にはならないことが多い。

本居長世《ながよ》（一八八五‐一九四五）という、「赤い靴」などの童謡を作曲した人がいる。本居宣長五代の孫だが、父の于信《ゆきのぶ》は婿養子で、妻が死んだため本居家を出て再婚し、長世は祖父・豊穎《とよかい》に育てられた。長世にはみどり、貴美子、若葉という三人の美しい娘がいて、長世の曲を歌って人気があった。金田一春彦（一九一三‐二〇〇四）は幼い頃から本居一家に親しみ、のち『十五夜お月さん　本居長世　人と作品』（三省堂、一九八三）を著したが、その中で、娘が結婚した時の長世の反対ぶりに触れて、「長世にとっては手塩にかけた娘が、ムコと仲よくし、ムコと二人で自分に対する批判がましいことを言うなど、許せぬ思いであった。しょせん長世にとってはどんなムコでも気には入らなかっただろう」などと、在世中に結婚した二人について書いている。

さては金田一にもそういう経験があったのかと思って調べてみると、金田一は若い頃下宿した未亡人の娘と結婚しており、シュウト問題はない人だった。ないから書けたのかもしれない。

小津安二郎《やすじろう》（一九〇三 - 六三）は、『晩春』（一九四九）『麦秋《ばくしゅう》』（一九五一）『彼岸花《ひがんばな》』（一九五八）などの映画で、娘を嫁に出す父親の悲哀を描くことが多いというイメージがあるが、そこで、婿となるべき男と争ったりすることはない。だいたい小津は生涯独身で、母親と二人暮らし、その母の後を追うように、六十歳で死去している。なお世間には、小津を小柄な男だと思っているむきもあるようだが、身長は高く、大柄な男であった。

その昔は、「マザコン男」というのが盛んに問題になった時代があった。だいたい、一九七〇年代から八〇年代である。中野実の戯曲『明日の幸福』（一九五四）は、裁判所判事の家庭が舞台だが、わき筋で、姑が嫁を嫌って勝手に離婚届を出そうとしているという事件が描かれている。古典的な嫁姑問題だが、驚くのは、この夫なる者が、母親の財産に寄食して生活していて、自分では働いていないということである。結局、母親とは別居し、男が働くという結末を迎えるが、こういう生活形態の男がいたというのも、昔ならではだと言えよう。現代でも、いつまでも親のすねかじりをしている男がいないではないが、それで結婚までしようとする者はあまりいない。

曽野綾子（一九三一 - ）の長編小説『木枯《こがら》しの庭』（一九七六、新潮文庫）は、四十過ぎた男が、老いた母親と二人暮らしをしていて、結婚しようとしない話である。男はどことなく変態的で、別に女の下着を集めるとかいう趣味があるわけではないのだが、それだけに不気味で、ホラー小説めいてすらいる。

だが、そんな風に、マザコンだのロリコンだのと言われ続けたおかげで、日本の男は用心深くなって、典型的なマザコン的行動というのはしなくなったし、そもそも、男は成人してからは、母親と二人で遊びに出かけるなどということはなかった。

ところが八〇年代あたりから、結婚適齢期の規範がゆるみ始めて、そこで浮上したのが、母親とべったりの娘がいつまでも結婚しないという「母娘二卵双生児」問題である。もともとこの言葉は、美空ひばりとその母親について言われていたものだが、知識人界隈が、フェミニズムで騒いでいる間に、こういう母娘が増加していたのである。一九九〇年に、合計特殊出生率が一・五七になったと発表され、少子化とか晩婚化とか言われて、これではいかんというので、若い女の結婚志向が盛り返したりした。

Muko Shuto

第二章

文学と歴史の中のムコシュウト

【日本編】

日本最古のムコシュウトといえば、神話の世界になるが、スサノオと大国主命《おおくにぬしのみこと》であろうか。『古事記』に出てくるのだが、スサノオといえば、アマテラスの弟で、その乱暴のためにアマテラスが天《あま》の岩戸《いわと》ごもりをしてしまった、名だたる乱暴者である。その後、八俣《やまた》の大蛇《おろち》を退治して雨叢《あめのむらくも》の剣《つるぎ》を手に入れるが、これが三種の神器の一つになる。そのスサノオが後年、出雲のほうにあるとされる根《ね》の堅《かた》洲《す》国の王となった。そこへやってきたのが、因幡《いなば》の白ウサギを助けた話で知られる大国主で、兄の八十神《やそがみ》に迫害され、根の堅洲国へやってきて、スサノオの娘のスセリビメと知り合って恋仲になる。だがスサノオは、大国主を、蛇のいる部屋に押し込めたりして迫害し、スセリビメが知恵をつけて、遂に大国主はスセリビメと手に手をとって根の堅洲国を逃げ出すのだが、スサノオは後から追ってくる。しかし、黄泉比良坂《よもつひらさか》まで来ると、スサノオはそれ以上追わず、大国主に助言をした上で罵って帰ってしまう。

このスサノオは、何だかかっこいいのだが、別段スサノオである必要はなく、神話によくある婿試しの話に、スサノオをくっつけただけであろう。スセリビメが大国主を助けるのも、ギリシア神話でアリアドネーがテーセウスを救うのと似ている。こういう神話素は、人類発祥以来、ユーラシア大陸を東西に広まったものである。もっとも、ムコシュウト関係で、一番きれいにまとまるのがこの形で、シュウトがムコの能力を試したのち、ムコがこれに勝利して、「ちくしょう、娘を持って行け」と言うのは、ムコシュウトにかかわらず、いくらかマンガ的ともいえる、物語原型である。

　聖徳太子（厩戸皇子《うまやどのみこ》）の妻は、蘇我馬子《うまこ》の娘の刀自古郎女《とじこのいらつめ》である。仏教伝来に際し、古来の神道を守るべく仏教の受け入れに反対した物部《もののべ》氏と、仏教輸入に賛成した蘇我氏が争い、戦になって蘇我氏が勝ち、権力を握って、推古天皇の治世下で、厩戸と蘇我氏が協力していた結果とされる。しかし厩戸の死後、馬子の子の蝦夷《えみし》（毛人）が専権をふるい、厩戸の息子の山背大兄王《やましろのおおえのおう》を攻め殺している。

　山岸涼子のマンガ『日出処《ひいずるところ》の天子《てんし》』は、私が高校生から大学生の時に発表されたものでずいぶん話題になったが、聖徳太子は同性愛者で、母に愛されなかったという恨みを抱えており、その親友の毛人が美青年として登場し、太子は毛人が好きであるらしい。山岸は、梅原猛の『隠された十字架　法隆寺論』（新潮文庫）で、法隆寺は聖徳太子の怨霊を封じ込めるための寺だという説を読んでこの作品を発想したらしい。のちの大化の改新で蘇我入鹿が討たれ、父の蝦夷もあとを追うので、天皇家を圧迫したのはむしろ入鹿だというイメージもあるが、それにしても、『日出処の天子』の美青年・毛人が、のち聖徳太子家圧迫をおこなうという意外性が、このマンガの背後にはある。山岸はその続編『馬屋古女王《うまやこのひめみこ》』では、山背大兄王を、刀自古と蘇我毛人が兄妹相姦して生まれた子だということにしている。

日本史上、代々のムコシュウトだったのが、天皇と藤原摂関家であろう。もともと天皇は高貴な身分なので、皇后は王家から出たものだが、平安時代になって、家臣である藤原家から出るようになり、男子が生まれると、シュウトたる藤原氏は関白になり、ムコを追い落とすように退位させて自分の孫を天皇にし、今度は摂政として政治をつかさどる、ということをやっていた。藤原道長などは、三人の娘を次々と皇后（中宮）にした。その後、平清盛が、武士として初めて娘の徳子《のりこ》を入内させ、生まれた子を安徳天皇として即位させたが、その後はまた藤原氏出身の女が中宮となり、天皇の母となった。ほかに、公家として位の高い村上源氏や、宇多源氏（庭田家）出身の者もあった。例外が、徳川秀忠の娘の東福《とうふく》門院和子《まさこ》だが、幕府と対立していた後水尾院《ごみずのお》（天皇）は、押し付けられたと感じて、結局女子の明正院《めいしょういん》が、奈良時代以来の女帝として立ったため、徳川家の血が皇室に入ることはなかった。

九世紀に関東で反乱を起こした平将門は、桓武天皇の子孫ということになっている。祖父が平高望《たかもち》で、その子供が多く関東に根を張り、三男の将門の父・良《よし》将《まさ》は鎮守府《ちんじゅふ》将軍で、その兄に国香《くにか》、良兼《よしかね》がいる。将門はこうした伯父たちと争い、遂に自ら新王を名のることになるが、その良兼の娘を、略奪婚で妻にしたという。これも古いことで、詳しいことはまったく分からないが、海音寺潮五郎（一九〇一‐七七）が『平将門』（一九五五‐五七）で肉づけし、一九七六年に大河ドラマ『風と雲と虹と』で描かれた時は、将門が加藤剛《ごう》、良兼が長門勇で、その娘で将門の妻になる良子が真野《まや》響子だった。長門勇というのが、三枚目だから、いかにもシュウト然とした雰囲気だったような気もする。

ムコシュウトで天下をとったのが、北条時政と源頼朝である。二〇一二年の大河ドラマ『平清盛』では、伊豆へ流された頼朝（岡田将生）が、まだ十代で金太郎みたいに野山を駆け回る政子（杏《あん》）と出会い、時政（遠藤憲一）は平家方の山木兼隆へ政子を嫁がせようとしたのに、政子は頼朝と一緒になってしまって、時政も遂に、頼朝を頭領としての反平家の旗揚げを決心するという筋立てだった。

もともと北条政子は、実子の頼家が、時政の手で殺されるのを見殺しにした悪女とされていたのだが、歴史作家の永井路子（一九二五-　）が『北条政子』（一九六九）を書いて復権させたということになっている。これは一九七九年の大河ドラマ『草燃える』の原作のひとつである。

のち、三代将軍実朝も殺されて、鎌倉幕府に将軍がいなかった時代、政子は「鎌倉殿身内人《みうちびと》」として、尼将軍と呼ばれ、弟の義時とともに幕府の実権を握り、後鳥羽上皇が幕府追討の旗揚げをした際、幕府御家人らを集めて、頼朝旗揚げの故事を語って士気を高めたというので知られ、猛女とされたから、父に逆らって頼朝と一緒になった、という風に描かれるのだろう。鎌倉時代の伝説などもあるのだが、現実的に考えて、そうではないであろう。北条氏はじめ、頼朝に従った武士は実は平氏が多いが、むしろ時政らが、東国武士の、中央の平氏への不満を糾合し、源氏の貴種である頼朝を旗頭《はたがしら》に据えたもので、政子をめあわせたのも時政だったかもしれない。

そうなると頼朝は北条氏の傀儡《かいらい》になる。実は頼朝はかなりの人物だったと考えることもできるし、時政の陰謀に載せられて、せっかくの身内である義経や範頼《のりより》など源氏の一族をみな遠ざけ、ついに源氏嫡流の滅亡に至ったのだとみることもできる。

しかし、時政というのは、単独で小説やドラマの主人公になったことがほとんどなく、いつも「政子の父」の位置づけで、大河ドラマなどで時政を演じたのは、加東大介（『新・平家物語』当時六十一歳）、金田龍之介（『草燃える』）、内藤武敏《たけとし》（『武蔵坊弁慶』水曜時代劇）、本郷功次郎（『炎立つ』当時五十六歳）、小林稔侍《ねんじ》（『義経』）、遠藤憲一（『平清盛』五十一歳）という具合で、遠藤憲一など、初めて登場した時はまだ時政は三十歳くらいなのにとてもそうは見えなかった。つまり「シュウト」役として定着しているのである。実際、頼朝旗揚げの時点でも時政は四十二歳なのだ。時政だって生まれついてのシュウトではあるまいし、一度、若いころからの時政を主役にしたドラマでも作ってくれないものか。

足利家初代将軍尊氏の妻は、鎌倉幕府の最後の執権となった赤橋守時の娘で、その母は藤原氏の上杉氏である。だから、鎌倉幕府に反逆した尊氏（当時高氏）は、シュウトの守時と戦うことになったわけである。その後、足利将軍は、藤原氏の一流である日野家から正室を迎えることが多かった。徳川時代は、島津など大大名は将軍家から降嫁《こうか》することが多く、御三家などはやはり公家、宮家《みやけ》からである。そうなると皇室がどんづまりになるので、そこだけは「下」である藤原氏から、ということになっている。

大正天皇は側室の子だったが、その正室つまり昭和天皇の母はやはり藤原氏で、昭和天皇の皇后はしかし、藤原氏ではなく久邇宮《くにのみや》家という宮家から出て、その後は言わずもがな、である。

室町幕府の管領・細川勝元は山名宗全《そうぜん》の養女を妻にしていて、複雑な経緯ののち宗全と対立して応仁の乱を起こしたが、これはさほど深い意味はないだろう。勝元の子にはのちの管領・政元がいて、宗全の娘の所生《しょせい》とする説もあるが、確かではない。このあたりは、日野富子を主人公にした大河ドラマ「花の乱」（市川森一脚本、一九九四）もあり、日野富子を描いた小説はあるが、「勝元の妻」のような小説は見たことがない。

司馬遼太郎（一九二三 - 九六）の『国盗《と》り物語』（一九六五 - 六六）は、前半が、京の油売り商人から美濃一国の主となった斎藤道三、後半は織田信長と明智光秀を、山崎の戦いまで描いているが、近ごろ、斎藤道三は二代かけて美濃をのっとったという説が一般的である。父の代で美濃へ入り込み、守護の土岐氏と、守護代《しゅごだい》の斎藤氏の内紛にからんで長井氏としてのし上がり、子が斎藤山城守道三として土岐頼藝《よりよし》《よりなり》を追放して美濃の主になったというのである。宮本昌孝の小説『ふたり道三』（二〇〇一 - 〇三、新潮文庫、徳間文庫）が、現在想定されている史実に肉付けしていて面白い。史実を記したものとしては、まとまった著作はなく、『小学館ウィークリーブック　週刊新説戦乱の日本史　新説美濃国盗り物語』（二〇〇八）に詳しい。

さて、その道三の娘が、信長の妻になったというから、ムコシュウト関係である。司馬遼太郎はこれを濃姫と名づけ、大河ドラマでは松坂慶子が演じた。道三が、息子の義龍《よしたつ》に叛《そむ》かれた時、信長は駆け付けようとしたが、間に合わず、道三は討たれている。義龍は、実は美濃の前の領主・土岐頼藝の胤だったのを、愛妾深芳野《みよしの》を道三が貰い受けてほどなく生まれたのが義龍だということになっているが、史実ではない。

どうもそのため、しばらくは、信長にとって道三は尊敬する岳父ということになっていた。だが娘の正体ははっきりしない。濃姫というのは、美濃の姫だからというので司馬が名づけたもので、史料では帰蝶《きちょう》などというが、信長の妻というのはあまりはっきりしていない。司馬の操作は、道三と信長を、国盗りの師匠と弟子というふうに位置づけるためのもので、さほど深い意味はないだろう。

その信長の娘で、徳川家康の長男だった松平信康に嫁いだのが徳姫である。家康ははじめ、三河岡崎の豪族・松平家に生まれたが、ほどなく駿河の大大名・今川家の人質となり、松平元信、のち元康と名のって、今川義元の養女の「築山《つきやま》殿《どの》」と呼ばれる女を正室とした。信長が今川義元を討ったあと、元康は自立して信長の同盟軍となり、信康に信長の娘を室として迎える。今川家は、義元が死んで氏真《うじざね》が継ぐがこれは凡庸で、東方には武田、北条といった大大名がいた。武田信玄が上洛しようとした時、家康は迎え討って三方《みかた》ヶ原で大敗を喫するが、その後信玄が病死し、勝頼の代になる。

さて築山殿としては、家康が信長の与力になっていくから、面白くない。そこで武田家によしみを通じた。徳姫はこのことを父の信長に密告し、信康も一味だと訴えたから、信長は家康の重臣である酒井忠次《ただつぐ》を呼んで問いただすと、酒井はあっさり認めてしまう。そこで信長は家康に、築山殿と信康の処刑を命じ、築山殿は殺され、信康は切腹する。

これが、「築山殿始末」（のち続きをつけたして「戦国の人々」と改題）という大佛《おさらぎ》次郎（一八九七‐一九七三）の歌舞伎戯曲などで知られる事件だが、かつては、築山殿と徳姫の嫁姑の争いに信康が巻き込まれ、家康が信長の命令で泣く泣く嫡男を殺さざるをえなかった事件として知られていた。最近では、酒井忠次が信康を憎んでいたとか、はては家康が信康を嫌っていたとかいう説もある。

もっとも、戦国大名におけるこういう事件を、近代人や、平和な現代の感覚でとらえるべきではない。武田信玄は父信虎を追放し、斎藤道三も子に討たれ、豊臣秀吉は養子の秀次とその家族を皆殺しにする時代なのである。最近の大河ドラマなどで、戦国時代を描いても、明らかに政略結婚でしかないものを、近代的な恋愛があったように描く傾向があって、観ていておかしいが、これはまあ、一般視聴者もさほど本気にはしていないだろう。

家康は、築山殿のあとは正室を迎えず、秀吉と小牧《こまき》・長久手《ながくて》で戦って引き分けたあと、秀吉が家康を臣従させるため、妹の朝日を夫と離縁させて送り込んだのが次の正室である。秀忠の正室は例の浅井《あざい》氏お江で、その娘の千姫が豊臣秀頼に嫁いだのはよく知られている。それ以後、徳川将軍代々の正室は、藤原氏あるいは伏見宮家などの宮家から出ている。十三代将軍家定の正室が、『篤姫』で知られる天璋院《てんしょういん》で、島津分家島津安藝《あき》の姫だが、摂関家筆頭の近衛家の養女として入っている。十四代家茂《いえもち》の正室が、有栖川宮との婚約を破棄して降嫁した和宮である。つまり正室は朝廷を中心とした身分秩序の上で、上ないしは横から迎えるものだということだ。

シュウトのおかげで薄氷を踏むような思いをしたのが、細川忠興である。忠興は幽斎《ゆうさい》細川藤孝《ふじたか》の嫡子である。細川といっても、管領家ではなく分家だが、十三代将軍足利義輝が、三好義継、松永弾正久秀らに暗殺されたあと、足利義昭を奉じて将軍に就けるべく、明智光秀とともに奔走し、ようやく織田信長の援助を得た。その関係から、息子の忠興は光秀の娘・玉を妻とする。キリスト教に帰依して、ガラシアの洗礼名を名乗った女性である。近代になって、キリスト教徒たちが、「細川ガラシア」として有名にしたが、前近代は夫婦別姓なので、「明智玉」が正しい。

だから、光秀が本能寺で信長を討った時、光秀はまっさきに、婿である忠興と父藤孝の支援を期待して手紙を送ったのだが、二人はこれに答えなかった。なお、光秀は、信長が天皇家を廃そうとしているとみたために信長を討ったという説があるが、それならなぜ、細川藤孝宛の手紙でそのことを書かなかったのかという有力な反論（日本史学・堀新《ほりしん》）がある。

結局光秀は羽柴秀吉に討たれ、忠興は連累《れんるい》を免れるのだが、秀吉時代になって、朝鮮出兵などで忠興は石田三成と対立し、関ヶ原の戦いの前に、徳川家康について上杉攻めに出兵した間に、各大名の妻は三成によって人質にされてしまう。これを敢然と拒否したのが明智玉で、キリスト教徒だから自害は許されないため、家臣に自分を殺させた。悲劇の女性、勇敢な女としてよく小説やドラマにとりあげられる。光秀の娘として、夫を苦しい立場に置いてきたという思いが、こんな激しい行動をとらせたのだろうが、私には、ちょっとやりきれない。

高木侃《ただし》（一九四二 - ）という日本史学者が『三くだり半　江戸の離婚と女性たち』（平凡社、一九八七）という本を出して、少し話題になったことがあった。それまで、徳川時代は家父長制の強い社会で、離婚は夫方が一方的に言い渡すものだったとされていたのを、妻側からつきつけることもあるということを示したものだという。

だが、近松門左衛門（一六五三-一七二四）の『心中天網島』（一七二〇）を知っていたら、その通説自体が怪しいと思わなければならないはずなのだ。

近松は、娼婦と客の「恋愛」を、最後は心中つまり共同自殺にいたるような形で描いた浄瑠璃作家として知られているが、これは「世話もの」の一部で、享保時代の大坂ではやったのである。『心中天網島』では、紙屋治兵衛という、紙を商う、妻もある男が、紀伊国屋という女郎屋の小春という娼婦に入れあげる話だ。治兵衛の放蕩のために身代はかたむき、妻のおさんは困って小春に手紙を書き、治兵衛と切れてくれと頼む。治兵衛と会おうとしない小春に、じれて店先に立ちすくんでいる治兵衛のところへ、兄の粉屋《こや》孫右衛門がやってきてこんこんと意見し、治兵衛も泣く泣く小春を諦めて家へ帰るが、うつうつとして、こたつにもぐって泣いている。

そこへ、治兵衛の恋敵の太兵衛が小春を身請けするという話がもたらされ、おさんははっとして、小春は死ぬ気に違いないと言い、手紙のことを打ち明けて、小春を身請けしてくれるよう言い、箪笥から自分の着物を出して金をこしらえようとするが、もし小春が治兵衛の女房になったら、自分はどうなるのだろうと気づき、飯炊きにでもなるか、と泣き沈む。すると、噂を聞きつけたおさんの父の五左衛門がやってきて、このありさまを見、激怒して、おさんを離縁して連れ帰ってしまう。

女房を勝手に連れ戻されるというのが、町人世界では大変な恥辱であるらしく、治兵衛はそのために絶望し、小春と内通して、女郎屋を抜け出させ、心中してしまうのである。

しかしこれは、五左衛門が怒って娘を連れ帰るのも当然であって、治兵衛というのはまことにだらしがないと言えばまだしも、ひどい男なのである。『心中天網島』は、治兵衛を徹底的にだらしのない男として描いた「河庄《かわしょう》」を見ると、ダメ男劇として面白いが、心中する段で同情する気にはまったくなれない。こんなものを名作だといって浄瑠璃で上演してきたというのは、明治の日本人というのはずいぶん退廃した女性観を持っていたものだと思うほかないのである。

人気浄瑠璃『仮名手本忠臣蔵』（一七四八）は、例の元禄時代の赤穂《あこう》浪士討ち入り事件を題材にしたものだ。江戸城殿中松の廊下で、播州赤穂の領主・浅野内匠頭が、高家《こうけ》筆頭・吉良上野介《こうずけのすけ》にいきなり斬りつけ、切腹を申し付けられ、赤穂は改易《かいえき》となって、大石内蔵助を頭領とする浪人四十七人が、吉良の屋敷へ討ち入ってその首級をあげ、全員切腹するという話である。

仇討ものとはいえ、吉良が浅野に何をして恨まれたのかは不明である。当時、同時代の事件を脚色することは幕府が禁じていたから、『太平記』で、足利尊氏の執事で、権力をふるった高師直《こうのもろなお》が、御家人の塩谷《えんや》（塩冶）判官の妻に懸想して振られ、その恨みから塩谷判官を謀反人として討った事件を下敷きにして、二代竹田出雲、並木千柳《せんりゅう》（のち宗輔《そうすけ》）、三好松洛《しょうらく》が作ったものだが、大石を大星由良之助とするなどの仕組みは、近松門左衛門が『碁盤太平記』（一七〇六）でこしらえたもので、著作権のない時代だから、先行作品を集大成したものである。歌舞伎でもよく上演される。

テレビドラマなどでやる「忠臣蔵」ものは、大石を主役に、仇討が中心になるが、浄瑠璃『忠臣蔵』の主役は、浪士の一人、早野勘平である。これは実在の萱《かや》野《の》三平をモデルにしているが、中身はフィクションで、判官の妻の腰元のお軽と恋をしてあいびきをしていた間に、主君切腹の大事が起こり、仇討の仲間に入れてもらえないまま、京の山崎の、お軽の父・百姓与市兵衛の家に寄宿して猟師をしながら、軍資金を作って仇討の仲間に入れてもらおうとしている。

さてここに、斧九太夫《おのくだゆう》という男があって、元塩谷の重臣ながら裏切り者になった、大野九郎兵衛をモデルとした人物だが、その息子の斧定九郎は、山崎街道あたりで強盗になっている。与市兵衛は、婿勘平のために、娘お軽を祇園に遊女として売り、その代金五十両を財布に入れて、危ないというのに早く金を届けたいため、山崎街道の夜道を歩いていて、斧定九郎に出会い、殺されて金を盗られてしまう。そこへ猪が駆けてきて、追ってきた猟師の勘平が鉄砲で撃つと、それが定九郎に当たってしまう。猪をしとめたと思った勘平が、真っ暗闇の中、手探りでそのあたりまで来ると、人が倒れているのに気づき、自分が人を撃ってしまったと知ってあわてるが、その懐中に手を差し入れて、五十両入りの財布があるのを発見すると、それを猫ババしてしまう。

さてお軽の家では、母おかやとお軽のところへ、祇園の茶屋一文字屋から使いが来て、お軽の身柄を渡すよう迫っている。浄瑠璃では亭主の才兵衛だが、歌舞伎では女将《おかみ》のお才と番頭が来ている。おかやは、まだ与市兵衛が帰らないからと渋っていると、そこへ勘平が帰ってくる。お才が、これと同じ縞の財布に五十両入れて渡した、と言うと、勘平はぎっくりして、さては自分が撃ち殺したのは与市兵衛だったか、と思い、与市兵衛には途中で会った、と言う。それで一文字屋は、お軽を駕籠に乗せて連れて行ってしまう。おかやが、与市兵衛はどうしていたのか、勘平に訊いていると、村人たちが、与市兵衛の死体をかつぎこんでくる。ひとしきり嘆いたおかやは、さっき勘平の財布をちらりと見たと言って、勘平が殺したのだろうとなじる。そこへ塩谷浪士の二人がやってくるが、おかやが二人に訴えていると、勘平はいきなり腹を切ってしまう。

だが、二人の侍が与市兵衛の死体を検分すると、鉄砲傷ではなく刀でえぐった傷と分かり、そういえば途中、斧定九郎が死んでいたが、などと言い、勘平の罪は晴れる。

何とも奇妙な話だが、だいたい浄瑠璃というのは奇妙な話なのである。勘平のモデルの萱野三平は、吉良家とも関係があったため、板挟みになって切腹した人で、私が大阪の池田に住んでいた頃、近くにその旧居跡があった。勘平がなぜ、実家ではなくて妻の実家にいるのかはよく分からないが、そうでないとこの劇を構成できないからだろう。

この場面が、いわば『忠臣蔵』の中心に当たり、この後、七段目・祇園一力《いちりき》の茶屋の場で、お軽が遊女勤めをしていて、敵の目を欺くために遊興に身をやつすふりをしている大星由良之助と知り合い、そこへお軽の兄・寺岡平右衛門という塩谷家の足軽がやってきて、秘密を知ったお軽を大星が殺そうとしていると見抜き、父・与市兵衛と夫・勘平が死んだことをお軽に教えて、自ら殺そうとするが、それを由良之助がとめ、平右衛門に、仇討への参加を許すのである。この平右衛門は、仇討に加わったが、公儀へ届け出るため先に抜け、切腹を免れてしまった寺坂吉右衛門をモデルにしている。

勘平切腹の場を観ていて、どうも私は、武士である勘平が、農民である与市兵衛と妻おかやに、身分の違いから来る、しっくりしないものを感じているような気がしてならないのである。妻のお軽を祇園に売るというのを、勘平に黙ってやっているようなのも変だし、そもそも、与市兵衛は善人だが、勘平にはその愚直さが、なんだか嫌だったのではないかという気がしてくる。つまり無意識裡に「シュウト殺し」の意識があったのではないかということだが、ちと穿《うが》ちすぎだろう。

浄瑠璃で、やはり歌舞伎でもよく上演される『夏祭浪花鑑《なつまつりなにわかがみ》』(一七四五)では、実際にシュウトを殺してしまう。団七九郎兵衛が、遊女琴浦をさらって誘拐した妻の父の三河屋義平次を殺すのである。並木千柳(宗輔)らの作だから、何か並木宗輔には、シュウト殺しについてのオブセッションがあったのかもしれない。

徳川時代後期の読本《よみほん》作者で、『南総里見八犬伝』で知られる曲亭馬琴

（一七六七‐一八四八）は、江戸飯田町の下駄屋に婿入りしている。馬琴は滝沢家という下層武士の家に、実質上の三男として生まれたが、渡り侍といって、親代々の主人に仕えるのではなく、兄二人とともに、旗本などの家に転々と仕える、かなり惨めな暮らしをしていた。次兄はほどなく病死し、旗本家の家老にまでなった長兄も病死してしまう。馬琴は戯作者になるため、山東京伝に弟子入りしたが、当時、戯作で生計を立てていたのは京伝くらいで、ほかは武士や、商人が手すさびに戯作を書いていた。馬琴は京伝の紹介で、版元の蔦屋《つたや》に奉公したが、ついにそれを辞めて、下駄屋の婿になったのである。この妻が、年上のお百《ひゃく》という女である。

下駄屋といっても、現在の下駄とは違って、履物全般を下駄といったから、履物屋だが、会田家といい、今の埼玉県越谷市に栄えた町人の一門である。だが馬琴は会田を名のらず、滝沢家にしてしまった。お百は養女で、養母がいたが、養父はなぜか別居しており、入り婿といっても、馬琴の自由は効いたようだ。そのうち馬琴が、人気作家となって、下駄屋も廃業することになった。

馬琴の師匠の山東京伝は、裕福な商家の若旦那で、吉原の女郎を身請けして妻としたが、これがほどなく病死し、また別の女郎を身請けしている。馬琴は武士ながらそういう裕福な身分ではなかったから、顔はまずく年上だが、家つきの娘の婿になったというわけで、馬琴からすれば、京伝などはいい身分に思えただろう。京伝は早く死んだが、弟の山東京山《きょうざん》は九十歳以上の長生きをして、これも女郎を妻にしていた。京山と馬琴は仲が悪かったが、それもこういう身分の違いが原因だろう。

勝海舟（一八二三-九九）の妹・順は、佐久間象山（一八一一-六四）に嫁いだ。象山が四十一歳の時で、齢が離れていた。私が小学六年生の時やっていた大河ドラマ『勝海舟』（一九七四）は子母沢寛《しもざわかん》（一八九二-一九六八）の原作だが、順は象山と自分の意思で結婚し、父の勝小吉《こきち》（一八〇二-五〇）が怒る場面を覚えていて、私はずっとその通りなのだと思っていた。だが、のちに子母沢の原作を読んだら、順の結婚は、小吉が死んだあとのことで、母のお信《のぶ》の勧めだったのである。『勝海舟』といえば、倉本聰《そう》がスタッフと対立して脚本を降りたことでも知られるが、こういう捏造が気に入らなかったのかな、と思う。

ところで象山は、当時は「しょうざん」と読まれていたが、その後「ぞうざん」説が出てきたりして、どちらとも定まっていない。その割に「ぞうさん」という説はない。何しろ、「ぞうさん」では、まどみちお（一九〇九－　）作詞の、あの童謡を思い出してしまうからだが、もちろん幕末にそんな童謡はないし、動物園だってないから「ぞうさん」なんて言葉はなかったのだが、岡島冠山も「かんざん」だから、「ぞうさん」はないかもしれない。なお、まどみちおは百四歳で、最高齢の文学者として存命である。

福沢諭吉（一八三五－一九〇一）という人は、私は世間で言われるほど偉い人だとは思えないし、慶應出身者のヨイショには辟易する。その娘の房と結婚して婿養子になったのが、福沢桃介（一八六八－一九三八）である。諭吉に男子もいたのだが、実業家として成功したのは桃介だった。「ももすけ」と読まれるが「とうすけ」だろう。桃介は岩崎という貧しい農家の次男だったが、美貌だったため、諭吉の妻に見込まれて婿になった。しかし、三十四歳の時に諭吉は死んであり、その後は、俳優の川上音二郎（一八六四‐一九一一）の妻だった貞奴《さだやっこ》（一八七一‐一九四六）を愛人として、房を悩ませたことで知られる。現代のように、諭吉が八十歳くらいまで生きていたら、そう好き勝手もできなかっただろう。

さて、近代に移ろう。国木田独歩（一八七一‐一九〇八）は、近代日本最初の「純文学作家」と言えるだろう。そのはじめの恋愛は、会津出身の女性解放運動家・佐々城豊寿《ささきとよじゅ》（一八五三‐一九〇一）の娘の信子とのものだったが、悲惨な破《は》鏡《きょう》に終わった。豊寿は男勝りの人物で、夫は医師の佐々城本支《もとえ》といったが、どう見ても妻上位の家庭だった。豊寿は会津藩から、馬に乗って東京へ出てきたという女傑で、その時男と間違われたという逸話もある美貌の人であった。

独歩は無名の文学者だったが、日清戦争に従軍して、弟に宛てた手紙の形で通信文を新聞に連載して少し名が出ていた。『愛弟通信』と題されたものである。それで、佐々城家で新進の若者として招かれて、まだ十七歳の信子の美貌に一目ぼれしたのである。それから激しい勢いで信子に迫ったが、その時書いた日記が

『欺《あざむ》かざるの記』である。だが豊寿は、無名の貧乏文士との結婚など認めず、二人は駆け落ちまでして、ついに一緒になったが、貧乏暮しと独歩の横暴に耐えられず、信子はほどなく実家へ帰った。

この佐々城信子が有名になるのは、それから数年後、米国にいる森広という男と婚約してシアトルへ渡る船に乗ったが、船内で妻子のある事務長と恋におち、米国に着いても上陸せずそのまま帰国して、事務長と生活をともにした。これが醜聞となって、豊寿は矯風会の副会頭を辞めるという事件になり、さらにのち、森広の友人だった有島武郎が、信子をモデルにして小説『或る女』を書いたからである。

矯風会というのは、明治期の廃娼運動などを先導した女性団体で、徳富蘇峰・徳富蘆花の叔母である矢島楫子《かじこ》（一八三三 - 一九二五）が会頭《かいとう》をしていた。楫子は熊本で結婚したが、夫が酒乱であったため、東京へ出奔した女性である。

これについては、以前は独歩に同情する声が多かったが、最近では、フェミニズムの関係で信子を擁護する声もあるし、実家に帰ろうとする信子を、独歩が刀を抜いて脅したなどとも言われている。だが、一番恐ろしいのは豊寿である。

余談になるが、戊辰戦争における会津藩の悲話というのはよく語られる。今年の大河ドラマ『八重の桜』も、会津の武士の娘の、明治以後の活躍を描くものだ。だが、会津の悲劇といっても、その主体は、会津の人間の二割程度でしかない武士の話に過ぎないし、戦に敗れて下北半島の斗南《となみ》へ移されたというのも、武士だけの話であって、農民など庶民は関係ないのである。

会津の武家からは、ほかにも、巌本善治《よしはる》の妻で、バーネットの『小公子』を訳した若松賤子《しずこ》（一八六四 - 九六）や、豊寿の従妹の相馬黒光《こっこう》（一八七六 - 一九五五）という、新宿に中村屋というパン屋を開き、インド独立運動のボースを保護したり、彫刻家の荻原守衛《もりえ》を片思いで苦しめたりした女も出ているが、男勝りで怖いくらいだ。世間知らずで貧乏な独歩が、豊寿の圧力に抗しえなかったのも無理はないが、と同時に、その母親に反逆した信子もまた恐ろしい。

森鷗外は二度結婚しており、最初の妻登志子（一八六九 - 一九〇〇）の父は、海軍中将の赤松則良《のりよし》である。赤松家は、林家、西周家などと閨閥で結ばれており、一種の政略結婚である。登志子は長男の於菟《おと》を産んだが、美しい人ではなく、鷗外は嫌って、一年半ほどで離婚してしまった。そのため、閨閥を失い、西周とも絶交するに至った。森まゆみ（一九五四‐　）の『鷗外の坂』（ちくま文庫、新潮文庫）には、この離婚で鷗外と森家がこうむった後遺症が列挙されている。結婚の失敗から鷗外は結婚恐怖症にもなり、しばらく独身でいたが、その後、荒木しげと再婚した。しげの父は大審院判事となった荒木博臣で、のち孫の森茉莉が百日咳で医者から見放された時、鷗外夫妻が、安楽死させる相談をしていると、見舞いに来た荒木が聞いて、命ある者を殺すということがあるか、と一喝したため、茉莉は命が助かったという。

しげと鷗外の母、つまり嫁と姑の確執を赤裸々に描いたとされる小説が「半日」である。これより先、徳冨蘆花の『不如帰』が、陸軍大将・大山巌（一八四二‐一九一六）の娘が、銀行家・三島彌太郎（一八六七‐一九一九）に嫁いで離縁された事件をモデルにして、病弱な嫁の離縁を画策《かくさく》する姑を描き、多くの女性読者を獲得していたから、『不如帰』を通俗小説版嫁姑ものとすれば、

「半日」は純文学版と言えるだろうか。鷗外は、ドイツ娘との情事を描いてしまうつわものだが、それでも、岳父のことは書かなかったのである。小説のネタは、妻と母に限定した。これらは、許してくれるからである。

夏目漱石（一八六七‐一九一六）のムコになったのが、作家の松岡譲（一八九一‐一九六九）である。松岡はもと新潟県の浄土真宗の寺に生まれ、「善《ぜん》譲《じょう》」と名づけられた。僧侶になる時は、漢字二文字を音読みした名称にしなければならないので、寺の跡取り息子ははじめからそういうふうに名づけられるのである。さて松岡は、第一高等学校へ入るが、寺の跡取りになりたくなくて神経症を病む。何とか東大哲学科を卒業するが、松岡譲の筆名で、一高の友人だった久米正雄、菊池寛、芥川龍之介らと同人誌『新思潮』をやり、最晩年の漱石に師事したが、漱石がほどなく死んで、その葬儀などを手伝っているうち、久米が漱石の長女筆子に恋をして、未亡人からある程度「婚約者見習い」の承認を受けた。ところが筆子はぶ男の久米より美男の松岡が好きで、ほどなく久米は失恋し、筆子は松岡と結婚した。

松岡は実家の寺を継がなかったわけで、漱石には二人の男子がいたが（純一と伸六）、まだ幼かったため、松岡は夏目家の家長代理のような立場になって同居した。親友だった久米とはこのために決裂して仇敵同士のようになり、戦後和解するが、未亡人の夏目鏡子『漱石の思い出』には、松岡筆録となっていて、松岡がまとめたものだ。漱石は没後も読まれたため印税が入り、結局、菊池、芥川、久米のように書いて生活する必要がなく、第一線の作家にはなりそこねたが、漱石自身は死んだあとだから、「ムコシュウト問題」は起こりようがなかったわけで、しかしやはり静かに「夏目家の婿」の地位に甘んじられる性格の持ち主ではあったと言えるだろう。譲夫妻の子に、松岡陽子マックレイン（一九二四‐二〇一一）や、評論家の半藤一利（一九三〇‐　）と結婚した末利子《まりこ》がいる。半藤は元文藝春秋の編集者で、昔、大宅壮一《おおやそういち》編として出て映画化もされた、『日本のいちばん長い日』は、今では半藤の著作とされている。『漱石先生ぞな、もし』という著作で講談社エッセイ賞をとっており、松岡家が間に入ってはいるが、いくらか、漱石家の婿みたいな感じもあると言えようか。

ところで、夏目漱石の『こゝろ』（一九一四）というのは、私は通俗的でつまらない小説だと思うが、戦後、教科書によく載せられたためやたらと有名である。その中で、「先生」と呼ばれる人が、友達の「K」を出し抜いて、軍人の未亡人である母と二人暮らしのお嬢さん・静と結婚している。ところが、静は一人娘で、「先生」も家のあととりのはずである。いったい、姓はどちらのものを名のったのか、分からない。この小説は、漱石のほかの小説と違って、登場人物にほとんど名がない。「静」だけである。

『こゝろ』は、発表当時はあまり評価されず、戦後、高度経済成長期以後に読まれたので、誰もこの矛盾に気づかなかったようだ。もし「静」に父親がいたら、話の様相はがらりと変わってしまうだろう。漱石は、母と娘が共謀して婿選びをするさまを描きたかったのである。

九〇年代あたりのトレンディードラマでは、恋愛模様を面白く、かつ華やかに描くために、親を登場させないことが多かった。たぶん注意深く台詞を聞いていれば、両親は海外赴任中とかそういうことになっていたのだろうが、そもそも恋愛を描いて、結婚するといったことになったら、当然、双方の両親との顔合わせという場面が現出するわけで、そうなると、若者だけのファンタジーランドみたいに構成された世界が壊れてしまう恐れがあったからである。

『ジェイン・エア』から『キャンディ・キャンディ』まで、みなしご少女ものは定番だが、結局これらは、ヒロインの両親という、物語の流れを乱しかねない人物を排除するという役割を持っているのだ。

漱石はほかの作品でも、ヒロインの親の処理には苦労したらしい。『三四郎』の里見美禰子《みねこ》は二十三歳だが、両親はすでに亡く、三人いた兄のうち二人も死んでいて、恭助という兄だけがいる。いくら人の寿命が短い明治時代でも、かなり異常な境遇である。小森陽一は、美禰子は兄の結婚を邪魔しようとしていて、それは自分が「小姑《こじゅうと》」という、面倒なものになってしまうからだ、と言うが、それも、美禰子の両親がいないからである。

だいたい、三四郎自身が、福岡の豪農の一人息子で、父がいないらしい。ということは、大学卒業後は帰国してあとを継がなければならない。だから「三輪田のお光さん」と結婚することになるのだろう。

『それから』の三千代は人妻だが、代助は結婚前から三千代を知っている。しかし三千代の両親というのは出てこず、代わりに兄が出てきて、代助に「趣味の審判者になれ」と謎めいたことを言う。『行人』の、一郎の弟二郎を誘惑するみたいな妻お延も、親はいるはずだがほとんど出てこない。漱石最後の、未完に終わった『明暗』にいたって、ようやく、妻の叔父という庇護者が登場して、主人公の津田は、この叔父の財産をあてにして結婚したということが描かれている。

漱石がなぜ、ヒロインの父親というものを描かなかったかといえば、怖かったからだろう。漱石の妻は、貴族院書記官長だった中根重一《しげかず》の娘だが、ヒロインの父親を描こうとすると、どうしたって中根がモデルだと思われるし、実際似てしまうかもしれない。

漱石は私小説『道草』も書いているが、作家というのは、私小説作家でなくとも、周囲の人をモデルにすることはある。だから一般に、作家の家族というのはもう、まないたの上の鯉で、いつ自分が小説に描かれるかと戦々恐々としているか、腹をくってさあお書きなさいと構えている。そんな中で、妻の父というのは、一番書きづらい存在だろうと、私は思う。

たとえば江藤淳（一九三二 - 九九）は、『一族再会』などという長編随筆で、祖父の海軍中将らを描いているが、妻の父である元関東州長官・三浦直彦（一八九八 - 一九七二）については、何一つ書かなかったし、『妻と私』を見ても、妻の兄たちは、ちらりとしか出てこない。

埴谷雄高（一九〇九 - 九七）は、後年、江藤と政治的にも人物的にも対立関係にあった。埴谷の支持者は武田泰淳《たいじゅん》で、この場合、江藤の側にいたのが、柄谷行人、中上健次、吉本隆明であり、一九八二年に、小田切秀雄や中野孝次《こうじ》が「文学者の反核声明」を出した時に、これは米国を批判するためのソ連の陰謀だとして批判したのが、柄谷や中上、吉本らであった。もっともそれから八年ほどして、柄谷は湾岸戦争の反対署名をして、江藤はこれを批判するという進みゆきである。

江藤、本名・江頭淳夫《えがしらあつお》の妻・慶子は、慶大の同級生で、若くして結婚し、仲が良かったようだが、妻が六十代でがんで死んでしまい、脳梗塞も発病した江藤が、疲れ切って自殺したのはよく知られている。その慶子の父のことだが、埴谷の「江藤淳のこと」（『文藝』一九七七年二月、『埴谷雄高全集』第九巻）を読んで、しまったこれは重要な文献を見落としていたと思った。

これは、武田泰淳が死んだ時、江藤が開高健と、以前から『文學界』誌上でやっていた対談（『文人狼疾ス』文藝春秋、一九八二）で、埴谷を物心両面で支えてきたのは武田だ、と江藤が言ったのに端を発している。

江藤は若いころは左翼で、吉祥寺の埴谷宅へも出入りし、『作家は行動する』（一九五九）のあとがきに、埴谷への深謝が書かれている。だが安保闘争で埴谷の態度に疑念を感じて、近代文学派を離れて鎌倉組に近づいたという。もっともこの鎌倉組というのは小林秀雄が主らしく、鎌倉にいた川端康成は評価していなかった。そして埴谷から離れ、対立するようになるのだが、埴谷はこの「江藤淳のこと」で、江藤の妻慶子の父・三浦直彦が、関東州長官、つまり満州などを統括する地位にあり、敗戦の時、ソ連軍が攻めてくる前に入院し、雲隠れして、家族は父抜きで帰国し、それから男たちが入れ替わり三浦家へ来て、直彦がソ連のスパイをしていることを追及していったと江藤の妻が話したと書いている。直彦はそれから二年ほどして、いきなり帰宅したというのだが、戦後は何をしていたのか分からないまま、一九七二年に死んでいる。

おそらく若い夫婦は、深い意味なく、ないしは埴谷を信頼してそんな話をしたのだろう。だが、「保守派」の批評家になっていった江藤として、岳父がソ連のスパイだったというのは、真偽定かならぬことだが、いかにもまずい。後年の江藤は、戦後の占領軍による検閲や、日本国憲法が米国製であることの告発など、反米的な活動ばかりしていたが、それは、岳父がソ連のスパイだったからではないかと、私は邪推している。それでいて、もちろん江藤は親ソ、親露、親中などではないのだから、さぞ苦しかったろうと思う。

東浩紀のように、妻の父が作家（小鷹信光）なら書きやすいかというと、それはそれで書きづらいだろう。徹底した私小説反対論者だった丸谷才一（一九二五-二〇一二）は、こんな名前だが次男で、結婚して妻方の根村姓になっており、丸谷は旧姓にして筆名である。妻の根村絢子《じゅんこ》は演劇批評家で、英文の翻訳や批評を書いていたが、その実家がどういう家なのかは分からない。丸谷が反私小説派だったのは、実質婿養子だったせいもあるんじゃないかと、私は思う。

もっとも『アステイオン』七八月（二〇一三）の山崎正和と三浦雅士による丸谷の追悼対談で、丸谷の短編『樹影譚』は実話なのではないかと言われている。つまり出生の秘密があったということなのだが、それにしては、『横しぐれ』には触れられていない。いずれにせよ、丸谷自身に「出生の秘密」があったということで、そもそも次男なのに「才一」なのも変ではある。

島田清次郎（一八九九‐一九三〇）は、若くして文壇に出た天才作家とされ、「島清《しませ》」と通称されているが、石川県で母親と二人、貧しい家に育ち、長編小説『地上』で、二十歳そこそこでベストセラー作家になった。自伝的で通俗的な小説だが、堺利彦、生田長江《ちょうこう》など、文壇からはずれた人たちが賞賛した。島田は堺の家に寄寓したが、その娘の真柄《まがら》と結婚したいという野心を抱いた。有名人の令嬢と結婚したかったのである。だが振られ、今度は船木という海軍中将の令嬢を狙ったが、誘拐と強姦未遂事件で逮捕され、狂ったとされて、病院で死んだ。その標準的な伝記は、杉森久英の直木賞受賞作『天才と狂人の間』（角川文庫）である。真柄は、のち近藤憲二と結婚し、近藤真柄として社会主義運動に挺身、下獄《げごく》もしたが、島田が恋したころは、豊頬《ほうきょう》のかわいらしいお嬢さんであった。私は島田のこの、名家の令嬢と結婚したいという願望に、若いころの自分を重ねて共感を覚える。

谷崎潤一郎（一八八六‐一九六五）は、『蓼喰《たでく》ふ蟲《むし》』で、妻との離婚計画を描いているが、これは最初の妻千代夫人（一八九六‐一九八二）のことである。間にあゆ子という娘がいたが、谷崎はあゆ子が生まれた時、「父となりて」という随筆を書いて、別に子供など欲しくはなかった、間違えてできてしまった、と書いた。二つ年下の里見弴（一八八八‐一九八三）は、大阪の藝妓との間に生まれた女の子が、生後ほどなく死んでしまったあとだったので、これを読んで谷崎に憤懣を覚えている。谷崎の実子はこのあゆ子だけだったが、千代には不満で、谷崎に虐待される千代を見ていて、佐藤春夫（一八九二‐一九六四）が同情し、これが恋にかわって、譲ってくれという話になった。谷崎も譲る気でいて、谷崎は既に千代の妹のせい子という十代の少女と関係しており、これが『痴人の愛』のネタになるのだが、千代を譲ってせい子と結婚するつもりでいたら、せい子に断られたのと、惜しくなったのとで佐藤との約束を破棄し、二人は絶交した。これが小田原事件で、大正十年から十一年のことである。佐藤はこの経緯を『この三つのもの』（講談社文芸文庫）に事実そのままに描いている。

その後二人は和解するのだが、今度は千代が、和田維四郎《つなしろう》（一八五六-一九二〇）という物理学者の息子の和田六郎というのと恋仲になり（谷崎が仕向けたともいう）、これに譲る気でいた。和田は、のち推理作家の大坪砂男（一九〇四-六五）になる。だが谷崎が、千代を幸福にできるかと和田に聞いたら、それは分かりませんと言ったというので、佐藤がそれを聞いて猛反対し、話は流れた。このこともそのまま『蓼喰ふ蟲』に書いてある。それで、それならやはり佐藤が貰ってくれというので、昭和五年（一九三〇）に三人連名のあいさつ状を出して、「細君譲渡事件」として騒がれたのである。

そして佐藤のもとで千代が生んだ男子を、谷崎が方哉《まさや》と名づけ、佐藤方哉（一九三一‐二〇一〇）は慶應で心理学を学んで慶大教授になったが、数年前、新宿駅で事故のため死去した。

さて、『蓼喰ふ蟲』では、離婚しようとしている美佐子の父なる老人と、谷崎自身である斯波要とは親しくつきあい、老人の妾を連れて淡路島へ人形浄瑠璃を観に行ったりしているが、これが虚構なのである。千代は群馬の前橋から出た藝者の妹で、親はなく、ただ養母がいた。谷崎の態度が大きいのも、千代にうしろだてがなかったから、とも言える。千代と別れたあと、鳥取出身で大阪高等女子専門学校、のちの大阪女子大を出た古川丁未子《とみこ》が、文藝春秋社の記者をしていたのと知り合って結婚するが、その頃すでに、船場《せんば》の商家の次女で、やはり大店の根津家へ嫁入りして男子と女子をあげていた旧姓森田の松子と次第に恋仲になっていたため、あっさり丁未子を捨てて松子と一緒になった。

谷崎が、妻となる女の父に会ったというのは、この丁未子との結婚の許可を得るために鳥取に行った時だけである。それも、阪神から汽車で行って夜中につき、簡単なあいさつをしてとんぼ帰りしている。離婚する時は、丁未子と弁護士を立ち会わせて協議しただけで、ついにこの父には会っていないようだ。

松子の夫だった根津清太郎《せいたろう》の父というのは、「種馬」だったという。伊藤忠とかいう、名のはじめの字だけ統一する家柄で、清太郎の母が根津清といい、婿をとって男子が生まれるとすぐ追い出してしまった。そういう大阪船場あたりの「女系家族」の恐ろしさは、山崎豊子（一九二四‐　）が『ぼんち』や『女系家族』でありありと描いている。

『細雪』は、その松子の森田四姉妹を中心に、三女が嫁入るまで五年間のできごとをほぼ事実どおり描いたものだが、長女は森田家を継いで婿養子をとっているが、小説内では次女つまり松子の夫も、蒔岡貞之助を名乗って分家を構成している。関係からいえばこれが谷崎にあたるわけだが、もちろん、年齢も境遇も違っている。根津清太郎の子のうち女児を谷崎は養女にしており、これがのち観世栄夫《ひでお》（一九二七‐二〇〇七）と結婚して、今も谷崎の著作権継承者である恵美子（一九二九‐　）である。

してみると、谷崎は『蓼喰ふ蟲』では岳父と話し合う自分、『細雪』では婿養子になる自分を描き、実際にはやっていないこと、とうてい谷崎の性質ではできないことを描いたことになる。これも興味深い。

「浅井三姉妹」というのがいる。織田信長の妹で、天下の美女とされたお市の方が、北近江の浅井長政に嫁して生んだ、茶々、初、小督《おごう》（お江、江与《えよ》）の三人であるが、浅井家は朝倉義景方について信長を裏切り、ついに小谷城《おだにじょう》で信長に滅ぼされ、市と三人の娘だけが救い出された。のちに信長が明智光秀に倒され、羽柴秀吉が光秀を討って、秀吉と柴田勝家の間で、信長の実質上の後継者争いが起きた時、お市は勝家に嫁ぎ、三人の娘を連れて越前北の庄へ移るが、秀吉との戦いで二度目の落城に遭い、今度はお市は勝家と運命をともにし、三人の娘は秀吉によって救い出された。長女の茶々が、のち秀吉の側室（福田千鶴によれば二人目の正妻）となって、秀頼を産み、のち大坂の陣で家康に攻められて自害する。次女の初は京極高次《たかつぐ》の夫人となり、三女の小督は、はじめ佐治与九郎という男に嫁いだが秀吉によって離縁させられ、秀吉の養子の一人である羽柴秀勝に嫁ぐが、秀勝は朝鮮の役で病没し、最後は徳川二代将軍秀忠に嫁している。

茶々は「淀君」「淀どの」などと呼ばれ、徳川時代には、秀吉の没後、素直に家康の世になることを認めた秀吉夫人のねね（高台院《こうだいいん》）と対比して悪女呼ばわりされ、明治期には坪内逍遥（一八五九‐一九三五）の歌舞伎「桐一葉」や「沓手鳥孤城落月《ほととぎすこじょうのらくげつ》」で、驕慢《きょうまん》な大坂城の女主人として描かれた。のち井上靖（一九〇七‐九一）が『淀どの日記』（一九六一）を描いて、ようやくよく描いてもらえたという。だがそれ以前に、谷崎潤一郎の妻松子は茶々びいきで、大阪人にはそういう人も多かったようである。

谷崎は東京の生まれで、谷崎は母方の姓であり、母方の祖父が商売で成功した人であり、父は婿に入った人で、母の妹にも父の弟が婿入りして、谷崎家に取り込まれたかっこうだった。谷崎は昭和初年に調べて、谷崎家の先祖は近江の出らしいと気づいている。茶々自身が近江人であり、石田三成もそうである。そこで谷崎は三成びいきになった。三成もまた、徳川時代には、関ヶ原で家康と戦った武将であるだけに、悪人扱いされていたのだ。東京人といっても、潤一郎は商家の出で幕臣ではないから、三成が茶々のために家康と戦ったという想定の下で、この頃、茶々の顔を見たこともないのに懸想《けそう》する按摩を描いた『盲目物語』や、三成の子孫のことを描いた『聞書抄《ききがきしょう》』などを書いているが、名作とされる『春琴抄』（一九三三）は、茶々と三成の関係を、松子と自分に置き換え、さらに変形して書かれたものである。しかし考えてみると、谷崎は全然父方の先祖については調べていないのである。

近ごろ、三女の小督を主人公とした大河ドラマ『江　姫たちの戦国』（二〇一一）が放送されたが、ずいぶん破天荒な展開であった。この三人の姫は、嫁ぎ先が華やかだし、大坂の陣では茶々と江が敵味方に分かれるのでロマンティックでもある。それに実父の浅井長政が早くに死んでいるというところに、男の夢《ロマン》をかきたてるところがあるとも言える。

＊

男というものは、女について考える時に、その父親というものを想起すると、「なえる」

ところがある。男は、自分が女を好きになって、結婚しようかと思う時に、なろうことなら、父親はいないでくれたほうが、いいのである。母親というのも、存外、結婚を邪魔する場合があるのだが、男からすると、相手は女である。それでも、よほど醜悪な、俗物ででっぷりと太った母親などが出てくれば、やはり
「なえる」

であろうが、ともあれ、父親よりはましである。

レヴィ＝ストロース（一九〇八‐二〇〇九）という、百歳まで生きたフランスの文化人類学者の『親族の基本構造』（一九四九、邦訳・青弓社）という古典的著作があるが、これによると、結婚というのは、女の交換である。ある部族とある部族で、女をやりとりするのである。これが世界中、人類の基本的な結婚の構造だというのだ。そこからすると、女の父親というのは、相手方の部族の長である。これが育てた女というものと、今自分はセックスしようとしており、あるいはもうしている。要するに奪いつつあるので、どうしたって気まずい。

浅井三姉妹には、その父親というものがいない。代わりに、伯父の信長という

恐ろしい男がいるから、信長が死ぬまで、勝家も秀吉も手出しがならなかったのだとも言える。

井上靖の妻の父は、足立文太郎《ぶんたろう》（一八六五‐一九四五）という京大教授の自然人類学者だったが、井上はのち短編「比良のシャクナゲ」でこの岳父のことを書いている。文化勲章が制定された時に、もらえなかったことにかすかな憤懣を覚える理学者として描いたのだが、井上が作家として立ったのは戦後のことで、それまでは毎日新聞の記者だった。四十過ぎて作家になったわけだが、それが岳父が死んだあとであることは、いささか引っかかる（靖の両親はまだ生きていた）。

井上が、ぼけたまま長命を保った母のことを描いた『わが母の記』（一九七五、講談社文庫）が、最近、役所広司の主演で映画化された。私小説だから、概略井上の中年期を描いているが、かなり脚色もあって、長女を宮崎あおいが演じており、編集者兼運転手の瀬川君というのが登場し、作家を目ざして井上の弟子のようになっている。宮崎あおいと恋愛関係のようなものになるのだが、結婚はしないで、最後は、井上が選考委員を務める文学賞を受賞している。だがこの人物は架空で、原作で、母の死が伝えられる日に、井上が文学賞の選考会に行ったのは、大江健三郎（一九三五‐　）が『洪水はわが魂におよび』（一九七三）で野間文芸賞を受賞した時のことである。

シュウトと対立したわけではないが、気の毒な婿だったのが、宮本百合子（一八九九‐一九五一）の最初の夫・荒木茂（一八八四‐一九三二）という言語学者である。宮本百合子といえば、のち結婚した九歳年下の、共産党委員長・議長を歴任した宮本顕治（一九〇八‐二〇〇七）の妻として知られるが、父は中條精一郎という建築家で、福島県安積《あさか》を開拓した米沢出身の中條政恒の子で、母は明治期の教育者として知られる西村茂樹（一八二八‐一九〇二）の娘という、エスタブリッシュメントの家に生まれた。作家の久米正雄（一八九一‐一九五二）は、母方の祖父が中條政恒とともに開拓をした人だったため、幼いころから百合子（ユリ）を知っていて、恋愛関係にあったこともある。だがユリは美しくなかったため、久米はあきたりず、ほどなく離れた。ユリは、十七歳で「貧しき人々の群」を『中央公論』に発表し、一躍、天才少女として騒がれた。それから二年ほどで、父とともに米国に留学して、そこで、ペルシア語の研究をしていた荒木と知り合い、結婚する。

荒木は女子学習院で教えて教授になり、東大でも教え、ユリと二人で、実家から少し離れたところに住んだ。関東大地震の時は、夫婦して福井の荒木の実家にいたので、直接の被害はまぬがれた。しかし、新聞に荒木の記事が出ても、「百合子女史の夫君《ふくん》」などと書かれた。中条百合子は有名作家だったのである。そのうち、それが原因というわけでもなく二人の間には疎隔ができ、大正十三年（一九二四）には別居し、翌年離婚した。百合子はこの体験をもとに長編小説『伸子』を書いて好評を博したが、これはむしろ、百合子の人生に深く介入しようとする母との相剋を主題にしたものだ。だが「佃」として出てくる荒木も、あまりいい描かれ方はしておらず、女子学習院では、荒木先生もあんな書かれ方でお気の毒にと言われたという（大野延胤『風の如くに　荒木茂の生涯』近代文藝社、一九九五）。もっとも当時の時評では、佃に対する見方が一方的だというのもある。荒木はそのあとすぐ再婚したが、四十八歳で死去した。

その後百合子は、ロシヤ文学者の湯浅芳子（一八九六‐一九九〇）とレズビアン的な同棲関係に入り、ともにソ連旅行をするが、そこで社会・共産主義に目ざめ、帰国して宮本顕治と結婚、左翼運動でたびたび投獄される。母はその間に国粋主義の方向に行き、ますます母娘の軋轢が激しくなるが、『伸子』によると、もともと百合子を結婚させたくなく、孤高の人生を送ってほしかったようである。この、娘にずっと独身でいてほしいと望む母親というのが、近ごろ増えている。

結婚しようとする時に、女の母親の反対は、時に父親以上に恐ろしい。生方《うぶかた》たつゑ（一九〇五‐二〇〇〇）という歌人がいた。それなりに世間で知られた人だったが、この人の夫は生方誠《せい》（一八九四‐一九七八）といって、群馬県で十数代続いた、農家ながら旧家の出であった。誠は千葉医学専門学校を出て米国に留学し、戦後、国家公安委員を務めたりした。たつゑとの間に美智子という娘があり、日本女子大を出た。この美智子が、戦後、鹿島慶三《よしみ》（一九七四没）という男と熱烈な恋におちいった。鹿島というのは、大正期に鹿島清兵衛という豪商がいて、ぽん太という藝者を身請けしたことで知られるが、おそらくその孫にあたる。

この慶三との結婚に、たつゑが猛反対した。その反対は熾烈《しれつ》を極め、ものさしで美智子を折檻したらしい。ついに二人は駆け落ちするのだが、のちに許され、ただし慶三は生方姓を名のらされ、五十歳前に病死してしまう。田中治之助《じのすけ》という人が間に立ったが、「誠さんはいいが、たつゑさんが…」と言ったという。

慶三は、学習院初等科と東大で、三島由紀夫（一九二五 - 七〇）の友人だった。途中、慶三は武蔵中学へ行ったのである。戦後の三島の「会計日記」という、最近発見されたものを見ると、「カジマ」というのがよく出てきて、その家でのパーティへ三島は行っている。だから三島はこの騒動も知っていたのだが、ちと気になるのは、「カジマ」の離婚がうまくいかなかったなどと書いてあることで、もしかすると、鹿島は旧家のこととて、十代のうちから結婚させられていたのではないか。だとすると、美智子との結婚というのは、離婚してということであり、妻のある男と恋におちたのかもしれない。その経緯は、のち料理研究家となった生方美智子（一九二八‐　）の『母とのたたかい』（リヨン社、一九八五）に書いてあるのだが、そこは詳しく書かれていない。

生方たつゑのほうは、三島という、はるか年下の天才作家に近づきを求めて、『短歌研究』という雑誌で対談をしたことがある。だが三島は、慶三の友人だからたつゑをよく思っておらず、いやいや引き受けたらしい。昭和三十一年（一九五六）六月号に載っており、読むと、三島は生方と対談しているのだが、編集部の担当者相手にものを言っているようなところがある。これは編集長の杉山正樹《せいじゅ》（一九三三‐二〇〇九）かもしれない。

その後も、たつゑは三島に近づきたがったが、三島が嫌がり、そのせいで慶三らとの交遊もとだえがちになって、たつゑのせいで慶三らとの関係までおかしくなる、とこぼしていたという。三島が四十五歳で自決する三日前に、慶三に電話してきたというが、その慶三も、それから数年後に死んでしまった。

ところで三島由紀夫、本名・平岡公威《きみたけ》という人は、やたらと論じられるが、同性愛だったとも言われ、しかし女との恋愛も伝えられているから、バイセクシャルだったのかもしれない。画家・杉山寧《やすし》の娘の瑤子と結婚し、男女二人の子を儲けているが、最後のころの夫婦仲はあまりよくなかったらしい。

三島は東大法学部在学中から文学活動を始め、中河与一らの『文藝文化』に小説を発表していたが、敗戦の前から野田宇太郎を通じて川端康成に近づき、以後は川端の弟子のようになった。

川端の妻は、青森県八戸《はちのへ》出身の松林秀子である。秀子の父は町の有力商人だったが、八戸で大火があった時に、消防の仕事をしていて殉職し、秀子は結婚の相手が決まりかけていたのが、嫌がって上京してしまい、文藝春秋で社員を募集していたので行ったところ、川端と知り合ってそのまま結婚したのである。

だが秀子は何度も流産して、子がなかったので、川端の従兄の娘を養女にした。政子といい、のち香男里と結婚する。この政子というのが、かなり美貌であった。そうでなければ、川端は養女にしなかっただろう。三島は、ある時、秀子に、政子と結婚したい、と漏らしたことがある。秀子はとっさに断ったというが、なるほど賢明な選択である。

作家の山口瞳（一九二六 - 九五）は、戦後の一時期、鎌倉で川端邸の隣に住んでいて、政子と弟と一緒に宝塚歌劇を観に行ったりしたというが、瞳も、川端家の婿養子になりたかったようだ、と息子の正介が書いている（『江分利満家の崩壊』新潮社）。やはり政子が好きだったのだろう。

川端と三島がムコシュウトになったら大変だったろう。三島が自決したあと、川端は葬儀委員長を務めたが、三島の父の平岡梓は、何か川端に含むところがあったのか、そのあと、「伜・三島由紀夫」という文章を、文藝春秋の『諸君！』に載せて、葬儀の間、川端は足元にトランジスタラジオを置いていたと書いた。（単行本化に際して削除）

三島の自決は政治的な事件だったから、葬儀の時に民族派右翼が騒動を起こすのではないかと恐れられていたが、梓は、川端はラジオでニュースを聴いて、もしそういう動きがあったら逃げ出すために置いておいたに違いなく、奇行《きこう》であった、と書いたのだ。川端は創設当時から文春とは縁が深いから、怒り狂い、社長の池島信平を罵倒し、池島は川端邸まで謝罪に出向いたが、許してもらえなかった。

　作家の娘と結婚するなどというのは、よほど人格円満な作家でないと、苦しいことだろう。もちろん、もう死んでいたらいい。阿川弘之（一九二〇‐　）の娘の阿川佐和子と、檀一雄の娘の檀ふみは、作家の娘仲間であり、結婚できない仲間でもあるが、すでに父は死んでいる檀ふみはともかく、佐和子のほうは、結婚話があっても、やはり父が怖くてみな二の足を踏むのだろうと思わずにいられない。

　結婚はしたが離婚してしまった作家の娘も多い。森茉莉、幸田露伴の娘の幸田文《あや》、室生犀星の娘の室生朝子《あさこ》などだが、いずれも自身が作家になったから目立つというだけのことかもしれない。

　小林秀雄（一九〇二‐八三）はどんなムコだったのか、と思うが、これがほとんど不明である。小林は、中原中也と長谷川泰子との凄絶な三角関係を経験して、「女は俺の成熟する場所だった」などと書いたが、その後、長野県松本出身の森喜代美（一九〇八？‐九三）と結婚し、一人娘の明子《はるこ》をもうけ、明子はのち、小林と親しかった白洲正子と、最近やたら有名な白洲次郎の次男の兼正と結婚し、その子の白洲信哉（一九六五‐　）があれこれと白洲家に関する著作を出している。また小林の妹は漫画家の田河水泡の妻で、高見沢潤子の名で、これも小林に関する著作は出している。小林の従弟で英文学者の西村孝次《こうじ》（一九〇七‐二〇〇四）も、小林の思い出を書いた本を出している。だがいまだに小林の伝記というのは書かれていないし、妻喜代美は何も書いておらず、詳細はほとんど分からないのである。だが、小林はのちに大岡昇平（一九〇九‐八八）が愛人にした坂本睦子が好きで、結婚してからもムッちゃんが忘れられなかったという。

小林は、講談社文芸文庫の作品集の題名にもなっている「栗の樹」という短い随筆で、「私の家内は、文学について、文学的な興味などを示した事がない」として、少し妻のことを書いている。それも、藤村の『家』を読んで、郷里が懐かしくなったという話で、「彼女は、毎日、人通りまれな一里余りの道を歩いて、小学校に通っていた」とあるのだが、実は妻の実家は町の真ん中で、これは嘘だというので、小林に抗議したら、随筆だからいいんだよと言われたという（白洲

明子「父・小林秀雄」『新潮』臨時増刊、二〇〇一年四月)。

吉永小百合(一九四五‐)の結婚は大事件だったが、相手が岡田太郎(一九三〇‐)というフジテレビのディレクター、再婚で、十五歳年上というところから、両親は猛反対し、結婚式にも出なかった。小百合の父・吉永芳之(一九一〇‐八九)は、鹿児島出身、東京帝大卒で外交官を目ざすが失敗し、「日本読書新聞」を創設するが負債を抱えて失敗、その後も『シネ・フロント』といった映画雑誌を出したりしていた。関川夏央『昭和が明るかった頃』(文春文庫)には、著書が一冊あるはずだが見つけられない、とある。私も見つけられない。母は和枝(一九一六‐二〇〇六)だが、小百合が結婚した三年後に出した『母だから女だから』(立風書房、一九七六)には、「私は今までに、ほんとうにただ一度だけ、人を殺したいという『殺意』を持ったことがある。その対象は岡田太郎という男で、私の次女の結婚相手である」と書いてある。小百合には姉も妹もいたのだが、次女の小百合だけが、両親の恋人のようになってしまい、十四歳で藝能界入りし、三年後の『キューポラのある町』(浦山桐郎監督)で高い評価を受け、スターダムにのし上がる。

　以後、石坂洋次郎作品の映画化などに出演し、ファンは「サユリスト」を名のるなど人気は高く、岡田との結婚の際は、岡田宛に脅迫状が多数届き、ボディガードつきの結婚式になったという。それ以前、渡哲也（一九四一‐　）との仲も噂されたが、スターは結婚すると人気が落ちるとされ、実らなかったという。渡と共演した『愛と死の記録』（蔵原惟繕《これよし》監督、一九六六）は、『愛と死をみつめて』の逆で、恋人同士の男のほうが病気で死んでしまう話だが、私は数年前にたまたまこの映画を観て、はっとした。渡が死ぬ時、吉永は病室におらず、病院の廊下に呆然と立っているのだが、はるか後の二〇〇四年、石原裕次郎の生涯を兄の慎太郎が描いた『弟』（一九九六）がドラマ化された時、後半では慎太郎を渡が、裕次郎を三浦友和が演じたのだが、裕次郎が死んだ時、渡はこれとまったく同じように、呆然と廊下に立っていたのである。

　死ぬ前に、両親とは和解していたという話もあるが、十五歳年上、当時の四十三歳といったら、まるで親どうようの年輩の男に、少女がさらわれたように、両親もファンも感じたのだろう。『光る海』などで監督を務めた中平康の娘で、作家の中平まみ（一九五三‐　）が、『小百合ちゃん』（講談社、二〇一一）で、割と立ち入った書き方をしている。中平は、岡田でなく若い男ならこんなことはなかっただろうと言いたげだが、私には疑問である。娘を生涯独身でいさせたがる親というのは、いるものだからだ。

一九九二年の冬に、人気力士の貴花田（のち横綱貴乃花、現・貴乃花親方）と人気女優の宮沢りえ（一九七三‐　）の婚約が発表されて、新聞の一面に載った。その頃明け方まで起きていた私は、玄関先で新聞を見て驚いたものだ。ところが年が明けた一月七日、婚約破棄というニュースがスポーツ新聞などに出て、ざわついていたら、夕方になって、皇太子妃決定のニュースがあった。その日は、社会党が山花貞夫を新しい委員長に選んだのだが、いずれもこの雅子さんニュースで吹っ飛び、しりあがり寿《ことぶき》の一コマ漫画で、帰宅したお父さんが、「おいおい大変だ、貴花田と宮沢りえが…」と言うと、テレビで皇太子妃決定のニュースを観ていた奥さんが、「あんた、情報が遅いよ…」と言うのがあったが、あれは実に面白い日だった。

それはさておき、その後貴乃花はアナウンサーと結婚、婚約破棄の真相はいまだ語られていないが、やはりあの「りえママ」と折り合いがつかなかったのではないかと、みな思っているはずだ。

本木雅弘（一九六五‐　）は、内田裕也《ゆうや》（一九三九‐　）と樹木希林《ききききりん》（一九四三‐　）の娘の内田也哉子《ややこ》（一九七六‐　）と結婚し、本名は内田姓になったが、なかなか豪胆なことである。もともと本木は度胸のある男だろうが、ムコが本木のように美男であれば、姑からもかわいがられていい。逆にブオトコだと、姑から嫌われたりする。もっとも、現代において結婚できたということは、妻から一応承認を受けたということだから、ブオトコなりにかわいいところがあるのかもしれないが……。

岸田國士《くにお》（一八九〇‐一九五四）は、近代日本演劇界の大物で、『暖流』などの小説も書いたが、今ではあまり読まれておらず、岸田國士戯曲賞にその名を残している。この岸田の甥が俳優の岸田森《しん》（一九三九‐八二）で、『帰ってきたウルトラマン』など特撮ものによく出ていたが、樹木希林は、まだ悠木千帆といった頃、この岸田森と結婚して、別れている。國士の長女が、詩人・童話作家の岸田衿子《えりこ》（一九二九－二〇一一）で、次女が女優の岸田今日子（一九三〇－二〇〇六）である。一九五四年、今日子が二十四歳になる年、衿子は詩人の谷川俊太郎（一九三一－　）と、今日子は文学座の俳優・仲谷《なかや》昇（一九二九－二〇〇六）とダブル結婚式を挙げた。が、いずれも別れた。岸田國士はその前年に死んでいたから、ムコシュウト問題はないのだが、谷川はその後、『夜中に台所でぼくはきみに話しかけたかった』で詩に歌った妻と結婚、だが別れてさらに絵本作家の佐野洋子と結婚、これも死去する前に別れていて、実に離婚の多い一族である。

シュウトと姑とどちらが面倒かということは、人それぞれである。一般的には、ムコが美男だったり、女にもてる男だと、姑からはかわいがられていいということもあるが、華岡青洲の愛情を、母と妻が奪い合ったように、姑と妻とで婿を奪い合うということも、起こりうる。円地文子（一九〇五－八六）の『私も燃えている』（一九六〇、集英社文庫）という新聞連載小説がある。円地は明治期の国語学者・東大教授の上田萬年《かずとし》の娘で、小山内薫に弟子入りして劇作家から始めた人で、夫は新聞記者で当時有名だった円地与四松《よしまつ》である。小説に転じて、『女坂』などを書きつつ、一時は通俗作家扱いされていたが、戦後、評価を高め、文化勲章を受章した。その娘が冨家素子《ふけもとこ》（一九三一 - ）で、その夫は冨家和雄（一九二八 - 二〇〇五）という核物理学者で、東大核研究所教授を務めた。『私も燃えている』は、四十代の独身女性作家が、姪である若い女と、三十一歳の豪放な核物理学者をめぐって鞘当てを演じるという小説で、もちろんフィクションではあろうが、いくらかは円地自身の真実を反映しているだろうし、大胆な小説である。

石原慎太郎（一九三二 - ）は二十二歳で石田由美子（のち典子）と結婚しているが、岳父は既に戦死していた。大江健三郎の妻の父は、映画監督の伊丹万作（一九〇〇 - 四六）で、大江が結婚するずっと前に死んでいるので、『個人的な体験』のような私小説風の作品に、妻の父が出てきたりしないのは当然だが、その代わり、妻の兄である伊丹十三（一九三三 - 九七）は、初期の長編『日常生活の冒険』（一九六四）のモデルになっており、伊丹の自殺後は、『取り替え子』以降の「おかしな二人」シリーズでふんだんに活写されることになる。その伊丹ははじめ、映画界の大物であった川喜多一政・かしこ夫妻の娘の和子（一九四〇 - 九三）と結婚したが、のち離婚し、無名女優の宮本信子（一九四五 - ）と結婚して、自作の映画で宮本を大物女優に育てた。

指揮者の小澤征爾（一九三五 - ）は、『ボクの音楽武者修行』（新潮文庫）にも登場する美貌のピアニスト・江戸京子（一九三七 - ）とはじめ結婚したが、京子は三井財閥の大物・江戸英雄（一九〇三 - 九七）の娘で、これものち離婚し、女優と再婚した。伊丹と小澤の最初の結婚は、大物の娘との結婚が難しいという例になるだろう。

このような場合、外野では、「お嬢さん育ちでわがままだったんだろう」などと言われるのが一般的である。中でも悪評ふんぷんたるものがあったのが二谷友里恵で、郷ひろみと結婚し、子供ももうけたが離婚、郷が『ダディ』（幻冬舎、一九九八）を書いて、二谷の悪妻ぶりを披露し、二谷は『楯』（文藝春秋、二〇〇一）を書いて反論した（もっとも『ダディ』は前もって二谷に見せて、印税は一部渡していたという）。友里恵は、俳優の二谷英明《ひであき》・白川由美の娘で、慶大卒、フランスにも出かけたりして、郷と結婚した時は『愛される理由』（一九九〇）を書いてベストセラーになったが、何しろ、自分が愛される理由を書いた本なのだから、反撥もあり、離婚した時は多くの男が郷に同情した、と思う。二谷の『楯』も、女から同情されるどころか、そのねちねちした文体にみなが辟易する結果をもたらした。しかし、離婚の理由などというのはたいてい闇から闇へ葬られ、週刊誌に、どこまで本当か分からない醜聞が書かれるのに、郷と二谷は、これを世間に向かって明々白々に広めたわけで、情報公開、隠蔽をしないという意味では、立派な離婚だったと言えるだろう。

もっとも郷ひろみにも、浮気をしたという悪いことはあったわけで、離婚の原因というのはたいてい片一方にのみあるわけではない。まあ、片一方にだけあることもある。室生犀星（一八八九‐一九六二）の『杏つ子』（一九五七）は、犀星の息子と娘の結婚と離婚を描いているが、どちらも相手方が悪いように描いているのは、自分の子だからだろう。またなかなか離婚の原因というのは、公表したらプライバシー侵害で民事提訴されたりするから、公《おおやけ》にしづらい。

しかし、離婚したことを隠す人というのもいて、これは隠すために結婚していた時の姓を名のっていいことになっているのだが、周囲の人には迷惑で、知らずに、「今日は奥さんは」などと訊いてしまうことがある。若いころそういうことがあって、沈黙ののち、別の男が小声で、「分かってると思うけど、××君離婚したからね」と言われて、分かってねえよ、と憤然としたことがある。

サドの翻訳や評論で今も人気がある澁澤龍彥（一九二八‐八七）の最初の妻は、ドイツ文学の翻訳家でファンタジー評論家の矢川澄子（一九三〇‐二〇〇二）で、少女風の顔だちでひそかに人気があり、私なども若いころ矢川に少し憧れたくらいである。澁澤とは二十代で結婚し、十年ほどで離婚していたが、その後、澁澤が矢川に、何度か妊娠中絶をさせていたということが分かり、世間に衝撃を与えた。澁澤は、渋沢栄一の一族だが、矢川の父は、矢川徳《とく》光《みつ》（一九〇〇‐八二）という、その世界では有名な教育学者である。腑に落ちないのは、澄子がそういう目に遭っている間、徳光はどうしていたのかということだ。もちろん、そういうことは両親に言わずにいるということもあるだろうが、うすうす勘づくということはなかったのか。

澁澤はその後、龍子と再婚し、五十代で死去するが、澄子はどうも澁澤の思い出から逃れがたかったらしく、澁澤のムック本が出た時、巻末の年譜から、自分との結婚が抹消されているのを見て、自殺したのではないかとされている。だが、有名人の妻が代わって、没後年譜を作る時に、前妻に関する事績が抹消されるということはよくあることである。なお詩人の加藤郁乎《いくや》（一九二九‐二〇一二）の『後方見聞録』（一九七六、学研M文庫）によると、加藤が、澁澤夫妻とざこねした時、澄子とやってしまったことがあったという。また澄子の離婚を聞いて、詩人の谷川雁《がん》（一九二三‐九五）が澄子と結婚したがっていた、ともある。だが澄子はあくまで澁澤が好きだったようで、澁澤が死んだあと、『おにいちゃん　回想の澁澤龍彦』（筑摩書房、一九九五）のような本も出している。

立松和平（一九四七‐二〇一〇）には、『蜜月』（一九八二、集英社文庫）という、自身の結婚を描いた私小説があって、映画化もされている（橋浦方人《ほうじん》、一九八四）。映画では、立松自身が佐藤浩市、妻となる女が中村久美と、立松がずいぶん美化されている。青年は文学を志して、『早稲田文学』へ小説を持ち込んでおり、その事務局にいたのが、恋人となる。が実はこの立松夫人は、大正期の演劇界の大物・小山内薫（一八八一‐一九二八）の孫であり、その長男の娘である。小説ではそのことは書かれていないし、女の親は出てこないが、映画では、娘はいかにも立派な中産階級の家に住んでいて、演劇活動などに首をつっこみ、正業に就いていない男とつきあっていることで、河内《こうち》桃子が演じる母親が心配する場面がある。

私は若いころ、『蜜月』を観て、あこがれたものである。中村久美が美しかったということもあるが、良家の令嬢というものにあこがれたのである。おかげで私は良家の令嬢というのを何人か好きになった。うち、女自身にふられたのと、母親から間接的に妨害されたのと、父親と直接対決したのとがある。で、これは詳しくは書けない。

一番いいのは、良家の娘で、父親が既に死んでいる場合である。ただ実際には、そうなると母親が厄介である。立ちふさがる。父親の場合は不快なだけで済むが、母親となると、はっきりと仲を裂くし、娘は父親には逆らえても母親には逆らえない。だが、これは私の個人的体験からくる偏見かもしれない。

娘の父親が結婚に反対するというのでは、高橋留美子の『めぞん一刻』（一九八二 - 八七）がある。だがこれはコメディタッチで、ヒロインの音無（旧姓千草）響子は高卒後、教師だった音無惣一郎とすぐ結婚するが、音無はほどなく病死して未亡人になり、音無家の持ち物であるアパートの管理人をしていて、できの悪い浪人生の五代裕作と知り合い、長々と恋の三角関係だか四角関係をしたあとで、五代はようやく三流大学を卒業するが、就職するはずだった会社は卒業前に倒産し、保育園でアルバイトをするうちに、保父になる資格をとるべく勉強を始める、という展開である。

私はこの漫画をくりかえし論じてきたが、保父になるという結末は、今日びの、「育児をするパパ」を理想化する風潮を先どりしていたといえよう。響子は一人娘なのだが、両親はマンション住まいでそれほどの良家でもないらしく、婿をとるという考えはないようである。その意味では、牧歌的な漫画である。

石坂洋次郎（一九〇〇‐八六）が、戦後たくさん書き、盛んに映画化もされた恋愛通俗小説では、ヒロインの両親はたいてい知識人で、リベラルな考えを持っており、ヒロインも相手の男も大学生で、さほど深刻なところへ話は展開していかない。

ところで、村上春樹（一九四九‐　）の小説に出てくる恋人の女というのは、いったい両親は出てくるであろうか、と考えると、どうも記憶にないのである。『ノルウェイの森』のヒロインは、精神を病んで自殺してしまう直子だが、語り手で主人公のワタナベの、直子の両親についての無関心ぶりは驚くべきものだ。直子ははじめ、父が山登りが好きだった、と過去形で言うが、なぜそれが過去形か、ワタナベは気にもしない。二人とも神戸出身で東京の大学へ行き、再会するが、ほどなく直子は姿を消す。ワタナベは二度ほど、直子の家あてに手紙を書くのだが、この時も「直子の家」とあるだけで、ワタナベは、直子の両親がどういう人で、手紙を見てどう思うかといったことをまったく気にしない。

その後また手紙を出すと、阿美寮という療養所から直子の手紙が来て、ワタナベは会いに行き、直子の姉がかつて自殺していたということを聞くのだが、その中で父親の弟も自殺していたという話が出る。

だが、ワタナベは直子の両親とは、直子の葬儀の時まで接触することがない。東京へ帰ってから、阿美寮で直子の世話をしていたレイコから来る手紙には、直子の母親が来て、直子の病気について相談したなどと出てくる。こういう場合に母親が来て父親が来ないのは一般的なことだが、葬儀でも「家の人」とだけあって、直子の両親という表現はなされていない。

どうやら村上春樹は、直子の父親に触れるのを避けているようで、というのは、表現の上で避けているのである。

私が大学生だった一九八二年、「親」という言葉を使う同級生女子がいて、変な感じがした。父親なのか母親なのか、両親なのか判然としない、不分明な表現だが、その後、使う人が増えてきて、私はそのたびに、どっちなのか両方なのか、と訊き返さなければならない。これはどういう心理か分からないが、親の存在をうっとうしく感じる人が使うものなのだろうか。

古井由吉（一九三七‐　）の「杳子《ようこ》」は、一九七一年に芥川賞を受賞した短編で、今も名作だと言う人がいるが、私にはどこがいいのかよく分からない。これは、若い男が、杳子という、精神を病んだ女と知り合って恋仲になっていく話である。古井はドイツ文学者で、それ以前に書いた「先導獣の話」「円陣を組む女たち」などのほうが面白かった。

それで、はて杳子の両親はどうなっているのかと思って読み直してみたら、杳子は、九歳年上で夫のいる姉と三人暮らしで、両親はいずれも死んでいるのである。主人公の青年は、杳子の家を訪ねて姉と話をしているが、私は、両親がいないというところが、この小説のキモだなと思った。ある種の男は、恋人役の女の親というものが出てくると、現実に引き戻されたような気持になるらしい。姉とか兄とかだと、一つ段が下がって、自分たちの構成する若者の世界が守られる、という風に考えるのではないか。

相思相愛の恋愛をして、まだ結婚のことまで考えられないとか、結婚はしない主義だとかいう若者にとっては、お互いの親のことを考えるのは、嫌なことなのかもしれない。私は三十を過ぎるまで、相思相愛というのをやったことがなかったので、片思いばかりしていて、相手の親のことは、よく考えた。片思いだと、考えるらしい。父親のない女の子を好きになったこともあれば、良家の一人娘を好きになったこともある。片思いだから、良家の一人娘などというのは、ただほわーんと憧れているだけで、婿養子になどなったら苦労する、などと考えないのである。

以前、フェミニズムとか女性学のほうで、女が結婚によって階層上昇を果たすという話が出たことがある。つまり高卒とか、短大卒とか、レベルの低い大学卒とか、貧しい家の娘とかが、裕福な家の男とか、高学歴男と結婚して階層が上がるというのだ。だが私は、自分が社会的地位の低い家（父は高卒、母は中卒）の出身なので、企業重役や官僚など偉い父親をもつ娘と結婚して、自分が階層上昇したいと考えた。もっとも、これはさほど珍しい例ではなく、ちょうどその頃、「お嬢さまブーム」というのもあり、東大生でも、聖心女子大とか白百合女子大卒のお嬢さまと結婚したがる男が割といた。

たまたま私の知っている聖心卒の女子は、私も狙っていたのだが私は振られて、私の知らない東大卒の男と結婚したが、マスオさん状態で、その女子の成城の実家に住んでいた。もっとも当の女性は、結婚後も、夫の実家には内緒で、母親と海外旅行を楽しんだりしていた。これは私の周囲でも、「気の毒だ」「いや、成城に住めるなら」などと議論になったものだが、私も、結構気の毒だな、と思ったけれど、それはいくらか、「あのブドウは酸っぱい」の気配がなかったとは言えない。

もっともその頃、東大の大学院へ進んでいた私は、よりハイレベルな、東大院生にしてお嬢さんというものに遭遇していて、そちらとの結婚を夢想して、一人娘の場合、そちらの姓になってもいいとまで思い詰めていた。もちろん、実家は二十三区内にあった。いずれの場合も、お嬢さまでかつ美人だったが、では、美人でないお嬢さまというのがいたらどうかというに、ふしぎと、まったく美人でないお嬢さまというのを、私は見たことがない。これは、社会的地位のある男は美人と結婚するから、遺伝で娘も美人に育つからであろう。

梨園《りえん》、などと言われて何だか上流階級のように見なされている歌舞伎の世界でも、縁故結婚は多く、先ごろ、二代目中村吉右衛門（一九四四‐　）の娘が、尾上菊之助（一九七七‐　）との婚約を発表した。そもそも吉右衛門は、父の八代松本幸四郎が、一代で名をなした名優・初代吉右衛門の娘と結婚してできた次男で、母方の祖父の養子になって跡を継いだのである。

「菊吉《きくきち》時代」と言われたのは、大正末から昭和戦後までで、この吉右衛門と、六代目尾上菊五郎が、歌舞伎界の両輪だった。六代目菊五郎の娘のうち、一人は先代中村勘三郎に嫁ぎ、先ごろ若くして死去した勘三郎と、新派女優の波乃久里子を生んだ。もう一人は、歌舞伎の裏方とも言える清元延寿大夫に嫁ぎ、その子が、少年時代は岡村清太郎（菁太郎）というすごい美少年俳優だったが、のち延寿大夫を継いで、俳優としては廃業したが、その息子は尾上右近として歌舞伎俳優になっている。さらに先の勘三郎の妻は中村芝翫《しかん》の娘なので、勘九郎、七之助と、芝翫の子の福助、橋之助はイトコ同士になる。

だが歌舞伎界では、あまりムコシュウト問題は起こらない。というのは、勘三郎が死んだあと、太地喜和子《たいち》など女優との艶聞があれこれと週刊誌で報道されたが、それも前から知られていたことで、歌舞伎の世界では、浮気は藝の肥やしとされ、父親もたいがいそうだから、歌舞伎俳優の娘が歌舞伎俳優に嫁ぐ時は、そういうものと割り切って来るからである。まあもっとも、藝能人の男はもてるから、離婚沙汰は多く、中村獅童《しどう》に歌舞伎界以外から嫁いだ竹内結子が別れたのも当然とも言える。

歌舞伎界の外から嫁いだといえば、今の尾上菊五郎が藤純子《じゅんこ》（冨司純子《ふじすみこ》）と結婚したのや、中村橋之助が三田寛子と結婚した例などがある。だが、市川染五郎と寺島しのぶのケースは、ちょっと珍しい。寺島しのぶは菊五郎の娘だが、染五郎はこれとつきあったあげく、良家の令嬢と結婚して、しのぶを「捨てて」しまった。これには菊五郎が怒ったようだが、それ以前から染五郎を不快に思っていたらしい。二〇〇〇年に「俳優祭」というのが歌舞伎座であった。これは、歌舞伎俳優がおふざけ演劇をやる催しで、その時の流行りものなどをネタにする。この時は、映画『タイタニック』のパロディーもので、染五郎が色男の主演格で、中央上手よりにお姫さまと並んで座っていたが、話の途中で、いきなり、客席から、全身を真っ黒に塗った男が上がってきて、「菊五郎だ!」と叫び、何やらぶつぶつ言ったかと思うと、「一番いい思いをしてるのは、染五郎だ!」と言って糾弾を始めたのだ。染五郎は苦笑いしていて、一見したところもちろんジョークに見えたが、あとで考えると、娘とつきあっていてどうも誠意の見えない染五郎に怒っていたんだな、と思えたものであった。

幸四郎と吉右衛門は実の兄弟だが仲が悪く、一時和解したようでもあったがやはりそうでもなく、幸四郎はミュージカル『ラ・マンチャの男』やテレビドラマで人気があり、娘の松たか子も女優として成功するなど、いくらか歌舞伎界のはずれ者的なところがあって、吉右衛門と菊五郎が親戚になるというのは、幸四郎孤立化計画ではないかとも言われている（『女性セブン』二〇一三年三月七日号）。

正確にはムコシュウト問題ではないが、もめたのが、八代目坂東三津五郎（一九〇六‐七五）がフグを食べて急死したあとのお家騒動である。八代目三津五郎は、藝談『戯場戯語《ぎじょうぎご》』で日本エッセイストクラブ賞を受賞したこともある。だが坂東三津五郎の名は、歌舞伎俳優の名であると同時に、舞踊坂東流の家元ということになっている。八代三津五郎は七代の養子だったが、三人の娘、喜子《のぶこ》、慶子、寿子がいて、妻が先に死んでしまった。喜子は、坂東秀調《しゅうちょう》の子と恋愛結婚し、これが坂東簑助となって、三津五郎を継ぐはずだったから、つまり婿である。だが八代目には愛人がいて、この愛人が、再婚して家を取り仕切ろうとした。一九七五年一月、三津五郎は京都でフグを食べたが、深夜になって苦しみだし、病院へ運んだが手遅れだった。普通フグの中毒はすぐあらわれるのでおかしいと言われたが、後妻は、その間セックスをしたと証言した。

さらにこの後妻は簑助をはずして三津十郎という弟子を三津五郎にしようとした、これが坂東家お家騒動である。三津十郎は舞踊のほうの三津五郎を名のり、商標登録までした。しかし坂東流一門の力でこれは退けられ、簑助は舞踊坂東流三津五郎を襲名し、歌舞伎のほうではそれから九年たってようやく九代目を襲名するが、九九年に死去、息子の八十助《やそすけ》がすぐ十代目三津五郎になって現在に至る。次女の慶子の娘が、女優の池上季実子である。十代目も、宝塚歌劇女優の寿《ことぶき》ひずると結婚して離婚、アナウンサーの近藤サトと不倫の末結婚して離婚と、どうもお祖父さんの血を引いているようだ。（佐野寿子「亡き父・坂東三津五郎への手紙」『文藝春秋』一九七五年五月、ほか当時多くの週刊誌記事がある）

ムコシュウト問題でトラブルになりやすいのが、角界、つまり相撲界である。大相撲の力士は、関取以上に出世すると、引退後、「親方」として日本相撲協会に残ることが多い。しかし、親方になるためには、一〇六しかない「親方株」を取得しなければならない。相撲の歴史は、実際には二百年程度しかなく、その間にかたまったのがこの一〇六の親方株で、昔は現役のまま親方になったり、行司が親方株を取得したりしたものだが、相撲協会が発足して、今では、幕内力士か、十両を二十場所以上務めたなどの実績がないと親方（年寄）にはなれない。

しかも、野球選手がしばらく解説者などをしてからコーチや監督になれるのと違い、引退したらすぐ親方になるのでなければ、二度と角界へ戻ることはできない。私はこの制度は改めるべきだと思う。

そのため、親方株の取得をめぐる熾烈な争いがあって、二億とか三億で取引されるとも言われているが、相撲協会は公式には株の売買を禁じている。

問題は株だけではない。部屋持ち親方の場合、部屋の土地と建物という資産がある。こういうものの授受もあるので、おいそれと他人である弟子に譲るというわけにはいかないのだ。したがって、大関増位山（三保ヶ関親方）や大関栃東（玉ノ井親方）や逆鉾（井筒親方――父は元関脇・鶴ヶ嶺）のように、親方の実子が力士になってちゃんと出世すれば受け渡しができるが、そうでないと、

「娘と結婚させる」

という手が使われるのである。

九〇年代に境川親方として理事長を務めた元横綱・佐田の山（一九三八‐　）は、その昔辣腕《らつわん》をふるった武蔵川理事長（一九〇九‐八七）の女婿である。武蔵

川は元前頭・出羽の花という、名門・出羽海部屋の力士で、出世はしなかったが、実務に優れ、一時代を築いた。その後、春日野（元横綱・栃錦）と二子山（元横綱・初代若乃花）の理事長時代のあとは、だから出羽海部屋を継いでいた佐田の山が継ぐのがほぼ確定していた。なお親方といっても部屋持ち親方ばかりではなく、部屋つき親方もいる。理事長になると、佐田の山は部屋を元関脇・鷲《わし》羽山《うやま》に譲り、境川となったが、理事長としてさしたる実績はあげられなかった。

先ごろ消滅した二所ノ関部屋も名門で、横綱大鵬、横綱玉の海（現役中死去）を育て、そこから花籠部屋、二子山部屋などが独立して、「二所一門」と言われたが、親方は元関脇・金剛（一九四八‐　）であった。これは大した力士ではなかったが、一九七五年名古屋場所、前頭筆頭で一度だけ優勝した。その場所であれこれと大言壮語したので「ホラ吹き金剛」と呼ばれたが、優勝すると二十八歳でそのまま、死去したばかりの先代親方（大関・佐賀の花、一九一五‐七五）の次女との婚約を発表して、部屋を継いでしまった。ほかに部屋には元大関・大麒《だいき》麟《りん》の押尾川《おしおがわ》親方がいたから跡目争いになり、押尾川は青葉城らを連れて独立してしまった。以後二所ノ関親方を四十年務めたが、麒麟児、大徹《だいてつ》などが出たほかは、さしたる実績もあげないまま、部屋消滅にいたった。

その二所ノ関部屋出身で、これも大した力士ではなかったが、大ノ海（一九一六‐八一）というのが、独立して作った花籠部屋（はじめ芝田山部屋）は、横綱初代若乃花（一九二八‐二〇一〇）、現在まで唯一の大卒横綱である輪島（一九四八‐　）、大関魁傑《かいけつ》（一九四八‐　）などを育てた。若乃花は引退後、独立して二子山部屋を創設し、実弟の大関貴ノ花（一九五〇‐二〇〇五）、横綱の二代目若乃花（一九五三‐　）、横綱・隆の里（のち鳴戸親方、一九五二‐二〇一一）などを育てて隆盛をみた。

しかし、大ノ海は輪島に花籠部屋を継がせるため、娘と結婚させたのだが、部屋を継いだ輪島は、借金をこしらえ、親方株を質に入れるなどの行為が問題になり、角界を去り、部屋は一時消滅した。その後、「花籠」株は転々としたが、入手すると借金がついて回るとされ、しばらくして二子山部屋出身の太寿山《だいじゅやま》が入手して花籠部屋を復興したが、これも閉鎖にいたった。輪島は妻とは偽装離婚したなどと報じられ、自身はプロレスに入った。

さて二子山部屋は、親方の実弟といっても二十二歳年下の貴ノ花が、ハンサムであることもあって人気力士だったが、若三杉が横綱になったため、二代目若乃花を譲り、これも娘と結婚させた。ところが、若三杉時代は強かったのが、横綱になってからは、北の湖、三重ノ海、千代の富士らの前にいいところなく、引退はしたが、実はかねて愛人がいたため親方の娘とも離婚、部屋は継がず、間垣親方となって今日にいたっている。「土俵の鬼」と言われた二子山も、娘には甘かったのかと、当時は言われたものだ。しかし、のちに横綱ながら一度も優勝したことのない双羽黒が、おかみさんとちゃんこのことで喧嘩して脱走、廃業した時は、若乃花の華やかさに比べて何とくだらない、と言われたりもした。

双羽黒は北尾光司（一九六三‐　）で、これもプロレスに行ったが、立浪部屋である。角界では立浪、宮城野、伊勢ノ海などが古くからの名門なのだが、一時は出羽海‐春日野、二所ノ関などに押されて振るわなかった。この一門は「立浪‐伊勢ヶ浜連合」という一門を形成していた。今は「宮城野‐伊勢ヶ浜連合」

で、宮城野部屋には横綱白鵬がいる。

さて、女婿継承で裁判にまでなってしまったのが立浪部屋で、この親方は、関脇の羽黒山だったが、羽黒山というのは元横綱の名前で、戦後の大横綱である。その弟子の関脇・安念山《あんねんやま》（一九三四-　）が、師匠の娘と結婚して羽黒山になって部屋を継いだのである。だが、どうも力士としても人間としても、大した人ではなかったようである。部屋の出身力士としては、黒姫山（のち武隈親方）や大関・旭国（のち大島親方）がいたのだが、旭国は大島部屋を興して独立しており、双羽黒がいなくなったあと、美男力士の元小結・旭豊（一九六八-　）という弟子を娘と結婚させて、立浪部屋を継がせた。ところが、部屋を継いだ旭豊がさっさと離婚してしまったため、前立浪が、親方株と土地の返還を求めて訴訟を起こしたのである。だが前立浪が負けて、今も旭豊が立浪親方である。その後立浪部屋へ、コーチとして北尾光司が入った時は、「敵の敵は味方か」などと新聞に書かれたものであった。

こうなってくると、相撲部屋の親方の娘も、さながら戦国時代の大名の姫さまである。もっとも、こういう事件の当事者の娘（女性）が何を考えていたかというのは、語られたことがない。

女婿への受け渡しがうまくいったのは、佐渡ヶ嶽部屋くらいだろう。先代の元横綱・琴櫻から、その女婿の琴乃若へと受け渡されている。

宮城野部屋は、かつて横綱・吉葉山《よしばやま》（一九二〇 - 七七）が親方だったが、その後、小結・廣川《ひろかわ》（一九三七 - 八九）が継いで、しかし大した力士は出ないまま、親方の死去後、最高位前頭十三枚目の竹葉山《ちくばやま》（一九五七 - 　）が継いだ弱小部屋だった。ところが、モンゴルから来た白鵬が頭角を現して横綱にまで登りつめ、一躍部屋が栄えた。と思ったら、一門違いの出羽海一門の北の湖部屋の、十両力士の金親《かねちか》（一九六九 - 　）が、いきなり宮城野を継ぎ、竹葉山は部屋つきの熊ヶ谷《くまがたに》親方になってしまった。宮城野部屋は、立浪・伊勢ヶ浜連合に属する部屋である。というのも、金親が、先代宮城野（廣川）の女婿になったからで、竹葉山は先代未亡人から株を借りていたのである。

元十両でも、親方としてダメということはないのだが、白鵬を育てたのは竹葉山なので、その後も、白鵬の師匠として取材を受けたり、テレビ出演したりしたのは、竹葉山の熊ヶ谷だった。そのうち、八百長事件が起こり、金親の宮城野にはスキャンダル報道もあって、とうとう再度、竹葉山が宮城野親方に復帰、金親は熊ヶ谷親方になった。角界では、女婿による継承は、もめごとのもとである。

Muko Shuto

第三章

文学と歴史の中の
ムコシュウト

【海外編】

西洋には、日本や東アジアほどには、ムコシュウト、嫁姑問題というのが多くない。それもそのはずで、キリスト教の教義では、人は結婚する時に親から離れるということになっているからである。「われ地に平和を投《とう》ぜんために来れりと思ふな。それ我が来《きた》れるは、人をその父より、娘をその母より、嫁をその姑より分たん為なり」（マタイ伝第十章）。明治期に、日本にキリスト教が入ってきた時、政府は、儒教道徳を庶民の間にも広めようとしていたから、そのことで、あちこちで軋轢が起きている（たとえば『隅谷三喜男著作集　第八巻　近代日本とキリスト教』岩波書店、二〇〇三などを参照）

それと、近代になってからは、西洋の藝術家などで、ムコシュウト問題を見つけようとしても、あまり見つからない。一つには、西洋の藝術家には同性愛者、生涯独身だった者が多いこと、第二に、西洋の男は晩婚が多く、藝術家、科学者、政治家などの有名人は、ある程度社会的地位ができてから、十数歳以上若い妻を娶《めと》ることが多かったこと、第三には、社交界というものがあり、男が求婚する時は、その中でおこない、あるいは妻となる女の兄弟姉妹とも親しくなっていることが多く、シュウトとの間の防壁になったこと、などの理由が挙げられる。

古代ローマのユリウス・カエサルは、ポンペイウスの婿だった。だがその妻が死んでしまったところから、カエサルとポンペイウスの関係が悪化し、カエサルのガリア遠征中にポンペイウスはローマで元老院を動かしてカエサル失脚を画策《かくさく》し、カエサルはこれを知り、ローマへ帰国してルビコン川を渡り、ポンペイウスを排除して独裁者になったのは有名な話である。

シェイクスピアは、舅とムコシュウトについて描いたほうである。特にオセロウは、黒人でありながら、ヴェネツィアの名家の令嬢と相思相愛になった。娘の父のブラバンショーは怒り、やむなく結婚を許すが、オセロウに、「父をだました娘だから、いずれ夫もだますぞ」という言葉を投げかけ、恐ろしい伏線を仕掛ける。

それより、ハムレットのケースが興味深い。ハムレットの恋人は、大臣であるポローニアスの娘のオフィーリアである。ハムレットといえば、前の王ハムレットの一人息子で、王子だが、今の王は叔父のクローディアスで、父ハムレットが死んだあと、喪《も》も開けないうちにその妻、つまりハムレットの母であるガートルードと結婚した。それがハムレットには気に入らず、のち王位は自分に返ってくるという約束だが、おそらくクローディアスはそれを守らないだろうと思い、憂鬱に陥っている。そこへ、父の亡霊が現れて、自分はクローディアスに毒殺された、と言うのである。

ハムレットは、オフィーリアに恋文を送っているし、多分もうセックスもしている。大臣ポローニアスがいつから大臣なのか分からないが、もし父王ハムレットの時から大臣だったなら、クローディアスへ寝返ったことになる。ポローニアスは何だか間抜けな感じの老人だが、息子つまりオフィーリアの兄のレアティーズは、しっかりした青年である。のちにレアティーズが王位を請求するところから見ると、これも王の一族であろう。

『ハムレット』が芝居として欠点があるのは、ハムレットの友人のホレイショーと、レアティーズのキャラがかぶっている点にも見られる。それはさて――。

ポローニアスはオフィーリアに、ハムレットから恋の言葉をささやかれても本気にしてはいかん、と訓戒を与えるのだ。どうもこれだけ読むと、ハムレットとオフィーリアがよほどの身分違いのように聞こえるのだが、そうではないし、のちにオフィーリアが狂ってしまったあとで、ガートルードは、ハムレットの妻にしようと思っていた、と言う。

ハムレットは、父が暗殺されたと知ってから、ポローニアスの娘だというのでオフィーリアに冷たくし、結婚と女を呪い、ついには、カーテンの陰に隠れてガートルードとの会話を盗み聞いていたポローニアスを、クローディアスと間違えたということで刺し殺してしまい、さらにその死骸を隠している。オフィーリアはこれで気が狂ってしまう。

余談になるが、最近まで、映画や小説にあらわれた狂人というのは、実際の狂人とはだいぶ違っている。たとえばうすらぼんやりと中空を見つめて、よくわけの分からないことを言うとか、けけけけと笑ったりする。現実に精神に変調を来した者が、こういうふるまいをするわけではないのだが、どうやらこれは、老人が「じゃ」などと言うのと同じ、物語の中の役割的ふるまいであるらしい。オフィーリアの、おかしな歌を歌うというのも、その物語内狂人のふるまいの原型のようなものだ。

さて、ハムレットがポローニアスを殺したのは、間違いということになっているが、ムコシュウト論的観点から見ると、存外ハムレットは、分かっていてポローニアスを憎んでいたのではないか、とも思える。ポローニアスは、クローディアスがハムレットの父を殺したことを知っていたかどうか、よく分からないが、仮に知っていようがいまいが、娘の父として、これと恋仲にあるハムレットに敵意を抱いており、ハムレットもそれを知っていたのではないか。

『ハムレット』に関する論文は世界中にあって、全部読むのはまず不可能だから、どこかにそういうことも書いてあるのだろうが、ポローニアスという男の奇妙な滑稽さ、無様さというのは、才能ある青年が、好きな女の父親に会った時に感じるものを、たくみに写し取っているともいえるのではないか。

シェイクスピアは、ストラットフォード・アポン・エイボンで、アン・ハサウェイという年上の女を孕《はら》ませてしまい結婚したが、もしかするとシェイクスピアは、アンの父親に対して、似たような感情を持ったのかもしれない。

英国ロマン派の詩人パーシー・ビッシュ・シェリー（一七九二 - 一八二二）の妻のメアリー・シェリー（一七九七 - 一八五一）は、小説『フランケンシュタイン』（一八一八）の著者として知られるが、メアリーの父は、無政府主義者で、小説『ケイレブ・ウィリアムズ』（これはなかなか面白い。国書刊行会）を書いたウィリアム・ゴドウィン（一七五六 - 一八三六）で、母は、女性解放運動の先駆者、メアリー・ウルストンクラフト（一七五九 - 九七）である。母メアリーは娘を産んだ時に死んでしまうが、シェリーは妻がいながらメアリーに求愛した。ゴドウィンは、制度的な結婚を認めない自由恋愛主義者だったから、この結婚に反対するわけにもいかなかった。

シュウトと激烈な闘争を演じたという点では、作曲家のロベルト・シューマン（一八一〇 - 五六）が、その最大の闘士の一人であろう。シューマンの妻は、有名なクララ（一八一九‐九六）だが、その父フリードリヒ・ヴィーク（一七八五‐一八七三）は音楽家で、クララの母とは離婚して再婚していた。だがクララはピアノで幼いころから才能をあらわし、ヴィークは掌中《しょうちゅう》の珠《たま》とかわいがりつつ、ステージパパとしても暴君的なふるまいがあった。ライプツィヒで、若いシューマンはヴィークの弟子になるが、ほどなくヴィークはシューマンに嫉妬するようになる。クララは九歳の頃から、九つ年上のシューマンを知っており、十八歳の時にシューマンとの結婚を考えるが、父の激烈な反対に遭う。シューマンは、ヴィークの反対の理由を、クララを金づると考えているからだと思ってもいたようだが、シューマンは美男子だったから、ヴィークは浮気を懸念したのかもしれない。シューマンは手紙では、

「結局彼は、あなたを失うという考えをいつかは受け入れなくてはならないのです。彼の強情など、ぼくらの愛が相手ではひとたまりもないでしょうよ。……あなたのお父上から多くのゆがんだものの見方を取り去ってやりなさい」

と書いている（ナンシー・B・ライク『クララ・シューマン　女の愛と芸術の

生涯』邦訳、音楽之友社、一九八七)。

ヴィークは、クララを偉大な音楽家にするつもりでいたようだが、こうした、娘の結婚に反対する親の多くは、娘が生涯独身でもいいのか? という問いに、まともな答えを用意していないか、実際にそう望んでいることが多いようだ。

ヴィークは、シューマンに関する中傷をばらまくなど、すさまじい妨害に出た。シューマンとクララは結婚の確認を求めて裁判所に訴え、これに対抗してヴィークは、娘のクララへのレッスン料を返還するよう訴訟を起こした。かなり異常である。だが裁判所は、シューマンたちに有利な判決を出し、一八四〇年に二人は結婚する。その一方、シューマンは、なかなか父親と絶縁する決心がつかないクララにいらいらしたという。

二人の間には多くの子供が生まれ、シューマンは名声を確立したが、一八五六年、シューマンは精神を病み(詳細は不明)、ライン河に投身自殺してしまう。残されたクララを支えたのが、年下のヨハネス・ブラームス(一八三三 - 九七)であり、ブラームスはクララへの精神的愛情のために終生独身だったという話は有名である。そのブラームスの子孫筋にあたる女性ヘルマ・サンダース・ブラームスが監督した映画『クララ・シューマン 愛の協奏曲』（二〇〇八）では、シューマンの存命中から、クララとブラームスに性的関係があったことになっているが、まあ映画だから検証はいるまい。

進化論で知られるチャールズ・ダーウィン（一八〇九‐八二）は、結婚関係においては実に円満な人であった。妻となるエマはウェッジウッド家の出だが、チャールズの祖父エラズマスは有名な医師・博物学者で、ジョサイア・ウェッジウッドと親しく、その娘がチャールズの母で、エマはジョサイアの息子ジョサイア二世の娘で、従兄妹同士の結婚であり、つまりダーウィン家とウェッジウッド家は、妻をやりとりする関係にあって安定していたのである。こういう、二つの家で代々、妻や養子をやったりとったりするということは日本でも盛んであった。

ヴィクトル・ユゴー（一八〇二‐八五）は、妻のほかに何人も愛人がいたという作家だが、『レ・ミゼラブル』では、理想化された少女コゼットを、ジャン・ヴァルジャンの養女として描き、コゼットが革命派の好青年マリウスに手渡されるさまを、まことに筋立て巧みに描いた。ユゴー自身の行状からすると、どうも偽善的である。

英国十九世紀の大詩人ロバート・ブラウニング（一八一二‐八九）は、妻のエリザベス・バレット・ブラウニング（一八〇六‐六一）も知られた詩人で、はじめは妻のほうが有名だった。だが妻の父モールトンは、二人の結婚に猛反対し、遂に二人はイタリアへ駆け落ちして結婚した。どうやらモールトンは、エリザベスが病弱だったので、生涯結婚させないつもりだったらしい。ロバートは自分の母を深く愛しており、エリザベスは父を愛していたから、いくども父に許しを乞う手紙を書いたが、読まずに破棄され、ほぼ和解はかなわぬまま、父は死に、エリザベスも五十五歳で死んだのであった。

リヒャルト・ワグナーの二人目の妻コジマは、フランツ・リストの娘だが、はじめは指揮者のハンス・フォン＝ビューローと結婚し、のちワグナーと結ばれている。年齢関係をみると、

リスト（一八一一‐八六）

ワグナー（一八一三 - 八三）
フォン＝ビューロー（一八三〇 - 九四）
コジマ（一八三七 - 一九三〇）

となっており、リストとワグナーはほぼ同世代である。コジマがワグナーとの間で激しい恋愛におちいり、ビューローと離婚してワグナーと結婚したのは、一八六八年から七〇年にかけてで、ワグナーは五十代後半になっていた。これはもっぱら、ビューローとの三角関係であり、リストは離婚に反対しつつ、遠巻きに見守っていたというていである。

カール・マルクス（一八一八 - 八三）の妻イェニーは、フォン＝ウェストファーレンというブルジョワ名家の娘である。マルクスの家の隣にあり、イェニーの父は、少年カールの利発なのをかわいがったが、いざ娘と結婚するとなると、ユダヤ人でもあるし、躊躇したようだ。だが猛烈に反対したのはイェニーの腹違いの兄で、結婚の許可を得るまで一年かかった。だが結婚前に、マルクスの父もイェニーの父親も死んでしまっている。

マーク＝トウェイン（一八三五‐一九一〇）は、アメリカの民衆主義的な作家として名をあげたが、東部エスタブリッシュメントの富豪の娘と結婚したため、卑俗な言葉を使うことを妻から禁じられた、というヴァン＝ワイク・ブルックスの説がある（『マーク＝トウェインの試練』）。

だが、より具体的にみることにしよう。マーク＝トウェインは、本名をサミュエル・ラングホーン・クレメンスといい、三十二歳の時、聖地巡礼のヨーロッパ旅行の船の中で、妻となるオリヴィア・ラングドンと知り合う。先に仲良くなったのは、十八歳の弟チャールズだった。一八六七年、南北戦争のあとのことである。

それからの経緯は、『マーク・トウェインのラヴレター』（ディクソン・ウェクタ編著、邦訳、彩流社、一九九九、原著一九四九）に詳しい。ウェクタは、こうまとめている。

マーク・トウェインがこの一家に及ぼした影響については、本書に収録した書簡類が雄弁に物語っている。まず家族はこの侵入者を疑惑の目で眺め、つぎにマークが家族の全員に、勇敢な、しかし各人別の包囲攻撃をしかけ、ついに家族が降伏するのである。

ラングドン家は、父親はジャーヴィスといい、エルマイラという町に住むブルジョワだったが、政治的には、奴隷制度に反対するリベラルだが、熱心なキリスト教徒で、飲酒や喫煙に否定的だった。

だがマーク＝トウェインはうまくやった。病弱な妻リヴィーは、はじめは夫を教化しようとしたが、結局はさほどうまくいったわけではなく、飲酒や喫煙をやめることはなかったし、夫婦宥和の内に、リヴィーの死を迎えたのであった。ブルックスが考えたほど、マーク＝トウェインは妻の実家から圧迫を受けていたわけではなさそうだ。

「秋の日のギオロンのため息の…」という上田敏《びん》の訳で知られる詩人のポール＝マリ・ヴェルレーヌ（一八四四‐九六）が、アルチュール・ランボー

（一八五四‐九一）と同性愛関係にあったことは、映画『太陽と月に背いて』（一九九五）でよく知られるようになったが、この映画にも描かれているとおり、ヴェルレーヌはバイセクシャルで、はじめマティルド・ボーテ・ド・フルールヴィルと、普仏戦争（一八七〇）のさなかに結婚している。マティルドはまだ十七歳で、やはり両親は反対したが、割と難なく押し切って結婚したものの、妻より若いランボーと知り合ったヴェルレーヌは、ランボーとの情事にふけり、妻に乱暴と暴言をくりかえして、妻の両親の怒りをかうのだが、こうなると、ムコシュウト問題ではなく、同性愛問題であろう（詳細はアンリ・トロワイヤ『ヴェルレーヌ伝』邦訳、水声社、二〇〇六）。

真正面から、ヒロインの父というものが出てくるのが、ヘンリー・ジェイムズ（一八四三‐一九一六）の初期の長編『ワシントン・スクエア』（邦訳、岩波文庫）である。十九世紀前半のニューヨークで、成功した医師のスローパー氏は、妻を亡くし、一人娘のキャサリンと暮らしているが、キャサリンはさして美貌でもなく、頭もよくなくて、父親を失望させている。だが、遺産が大きいので、それを狙ってモリス・タウンゼンドという、いくらか遊び人で無職の男が近づいてくる。モリスはハンサムな上に言葉が巧みで、たちまちキャサリンの心をとらえてしまうが、スローパー医師は、あれこれ調べて、モリスが金にだらしのない男で、遺産を狙っていることを知って、結婚に反対する。結局、モリスは遺産が入らないことからキャサリンを諦め、キャサリンは失意のため独身を通すことになる。父が死んだあと、二十年たって戻ってきたモリスは、再度キャサリンに、友達としてつきあってくれと言うのだが、キャサリンは断固として拒む。これは美貌のオリヴィア・デ＝ハヴィランド（一九一六‐　）が主演して映画化され、日本では『女相続人』の題で公開された。なおオリヴィアは東京生まれで、父は日本で仕事をしていた弁護士で、碁が強く、汽車の中で川端康成に会って碁を打ったという説もある。一九九七年にジェニファー・ジェイソン・リー主演で再度映画化されているが、日本公開されていない。

ヘンリー・ジェイムズ当人は子供の頃の怪我のため、性器に欠陥があったとも言われ、生涯独身を通したから、こういうフィクションを遠慮会釈なく書くことができたのである。

D・H・ロレンス（一八八五 - 一九三〇）は、二十七歳の年に、大学時代の恩師だったアーネスト・ウィークリー教授に就職の世話を頼みに行って、その妻で六つ年上のフリーダと恋におち、フリーダはウィークリーと離婚してロレンスと結婚する。フリーダの父は、フリードリヒ・フォン・リヒトホーフェン（一八四五 - 一九一五）というドイツの男爵で軍人だった。ロレンスとフリーダはドイツへ渡るが、ちょうど父の軍籍五十周年の記念式典が開かれていた。ところがロレンスは、警官に、英国のスパイだと疑われてつかまってしまい、フリーダは父に頼んで釈放してもらう。その結果、ロレンスはシュウトと対面せざるをえなくなるのだが、フリードリヒは、娘を離婚させようとしているこの若者に不機嫌で、黙って煙草を差し出した。フリーダはその晩、父とロレンスが取っ組み合いの喧嘩をして、屈強な父がロレンスを押さえつける夢を見たという。しかしロレンスがこのシュウトに会ったのはこの時だけで、三年後にフリードリヒは死んだ。

ウィリアム・フォークナー（一八九七 - 一九六二）は、ある意味で二十世紀最大の作家である。二十世紀のアメリカ文学は、すべてマーク＝トウェインの『ハックルベリー・フィンの冒険』に影響されていると言われるが、二十世紀後半以降の世界の文学の半分くらいは、フォークナーの亜流である。中上健次の『枯木灘』も、ガルシア＝マルケスの『百年の孤独』も、フォークナーの『アブサロム、アブサロム！』を読んだあとでは、単なるまね（上手なまねだとしても）にしか思えなくなるし、いわゆる「ラテンアメリカ文学」とか、マジック・リアリズムとかいうのは、みなフォークナーの末流に思える。

米国南部を舞台として、荒々しく豪快な世界を描いたフォークナーは、ノーベル文学賞を受賞し、受賞のあいさつで、「私は死なないような気がする」とまで豪語した。顔写真も堂々としているから、大柄な男だと思われるかもしれないが、身長一六五センチと、西洋人としては小男としか言いようがないくらい背が低かった。精神的にも繊細で、日本へ来た時は、講演をする前に、緊張を紛らわすためウィスキーを飲んでいたという。

　フォークナーは二十歳のころ、近所に住むエステル・オルダムという同年の女性と恋におち、結婚しようとするが、エステルの両親は、若すぎるし、定職もない、だらしのない男だと思って反対した。そのうちエステルは、両親が勧めるコーネル・フランクリンという男と結婚してしまった。それでもフォークナーは、未練がましくエステルに詩集を献呈したりしていたが、エステルは夫の転任で上海へ渡ってしまう。

　失意のフォークナーは、やけになって、当時第一次大戦中だったから軍隊に志願したが、結局戦場へ出ることなく戦争は終わった。それからニューオリアンズで別の女ヘレンに恋していたが、相手にされず、これまた女の母親から嫌われ、女は別の男と結婚し、故郷へ帰ると、エステルが夫と離婚していたので、改めてまた、反対を押し切って結婚した。最初の時からは十一年たっていた。

　辛亥《しんがい》革命の立役者である孫文（一八六六 - 一九二五）は、海外では孫中山《そんちゅうざん》とか、孫逸仙《そんいっせん》とか呼ばれている。その孫文の二人目の妻となったのが、「宋家の三姉妹」の次女・宋慶齢《そうけいれい》（一八九三 - 一九八一）である。宋家は客家《はっか》という富豪で、父は宋耀如（嘉樹）（一八六三 - 一九一八）、姉は宋靄齢《あいれい》で、米国に留学しており、父はチャーリー、慶齢はロザリンドの英語名を持っていた。孫文は日本に留学し、多くの日本人からその革命運動の支援を受けていた。満州族が支配する清朝を倒して、漢民族の国を復興するのだから、チャーリー宋も孫文の支援者だった。だが辛亥革命（一九一一）が成功して孫文が総統になっても、すぐに追い落とされ、以後は袁世凱《えんせいがい》が大総統となって王朝建国を狙うなど、内紛が続いた。そんな時に、慶齢が孫文と結婚すると言い出したのである。一夫多妻制の国だから、妾になっても良かったのだが、孫文は前の妻を離婚することに固執した。年齢は二十七も離れているし、父チャーリーや母はもちろん反対した。父から孫文への手紙には、こうある。

「あなたがおっしゃることは、あまりに唐突で信じることができません。冗談としか受け取ることができません。まったくばかげたことで娘の戯言《ざれごと》としか思え

ません。孫先生、ふざけるのが好きな若い娘の戯言をどうか信じないでください」(伊藤純・伊藤真『宋姉妹』角川文庫)

しかし妹の宋美齢《びれい》(一八九七‐二〇〇三)は姉の味方になり、二人は反対を押し切って結婚。だがそれから十数年、一九二七年に、今度は美齢が、蒋介石(一八八七‐一九七五)と結婚すると言い出す。すでにチャーリーも孫文も死んでいた。一見すると、蒋介石は孫文の後継者のように見えるが、慶齢からすると、革命の裏切り者で、信用ならない人物だった。蒋介石も既に結婚していて、のちに台湾の総統の地位をつぐ蒋経国《けいこく》が生まれていた。時に美齢は三十歳、蒋介石は四十歳で、蒋介石は妻の珍潔如《ちんけつじょ》を離縁して、美齢と結婚したのである。蒋介石はこれより先、孫文が死んだ時に、慶齢に結婚を申し込んでおり、慶齢は断固として断っていた。これには、慶齢の妹と結婚することで、自分が孫文の後継者であることを明らかにしたいという政治的意図もあったようだ。

蒋介石は米国留学者で、自由主義の国民党総裁で、共産党の毛沢東と、和解と内戦を繰り返すが、和解は日本軍に抵抗するためだから、日本が戦争に敗れると国共は再び争い、慶齢は共産党を支持し、以後長く中華人民共和国の幹部としてたち、一時は国家元首級の地位も得ていた。

美人姉妹の華麗な物語といえばいえるが、ことがらが政治に係ってくると、どうも、庶民そっちのけで、いい気なものだと、言えば言える。

スタンリー・クレイマー監督の『招かれざる客』（一九六七）というアメリカ映画がある。これは、リベラルな新聞記者（スペンサー・トレイシー）の父親と母親（キャサリン・ヘプバーン）の下で一人娘として育った美しい娘（キャサリン・ホートン）が、ハワイで知り合った男と結婚したいと言って自宅へ連れてくるのだが、それが黒人（シドニー・ポワチエ）であったために両親が困惑するという話である。

父親はリベラリストとして、はじめ正面きって反対することはできない。ポワチエは極めて優秀な医師で、妻と子供がいたが交通事故で亡くしていた。医師は自分の両親にも電話で話すのだが、相手が白人であることを言いそびれ、両親は黒人だと思って到着する。医師が優秀で誠実な男であることは父親も理解したが、それでも反対し、黒人の父親も反対する。だが母親が説得して、最後は結婚を認めるという筋だ。

なんだか優等生的な映画で、さほどいい出来とは思われないし、医師があまりに人間として立派すぎて、これが立派でなかったら反対されたままなのか、と思わせる。完璧な相手でなければ結婚を認めないなどという馬鹿げた話はないのである。

日本でも、阪大教授で日本思想史が専門の子安宣邦《のぶくに》（一九三三‐　）の娘が、黒人のミュージシャンと結婚するというので両親が苦悩している、などという新聞記事が出たことがあった。子安夫人は、子安美知子（一九三三‐　）という比較文学者（私の先輩）で、『ミュンヘンの小学生』などの著作で知られ、夫の留学について西ドイツへ行き、シュタイナー教育という、ルドルフ・シュタイナーという神秘学者が始めた教育の下で、娘の文《ふみ》（一九六四‐　）を育てた。確か一九九〇年ころだったから、今さら、その程度のことで新聞記事にするのも、親が有名人だからかとあほらしくも思った。文は結婚はしたがその後、離婚している。

日本でももちろん、在日朝鮮人と結婚するとか、被差別部落出身者と結婚するとかいったことで差別問題はつきまとう。これらの場合、西洋におけるユダヤ人と同じで、見た目は変わらないだけに始末が悪い。

さらにより一般的にあるのが、政治的意見の違いだろう。米国の小説や映画にも、共和党支持か民主党支持か、ヴェトナムやイラクの戦争を支持するかといったことでの、親子はもとより、夫婦での意見の違いなどが描かれることがある。それがムコとシュウトだと、わりあい厄介である。

もちろん、そんな話をしなければいいのだが、同居などしていたら、どうしたってそういう機会は訪れがちである。遠慮しないシュウトである場合、ムコが賢明な人で黙っていればいいのだが、お互いに知的で激しい性格だと、やはり激突する。それと、娘のほうでも、父親に似た男を選んでしまう傾向があるから、そういう父親を持っていると、トラブル必至、という感じになる。

日本では、憲法九条とか天皇とか、最近では原発とか、それなりに対立点はあって、組合せも複雑化してきている。「政治と宗教は話題にするな」とはよく言われるが、ムコシュウト関係となると、そうもいかない側面もあるし、選挙のあとで、自民党が勝ったと喜ぶシュウトに、ムコが我慢ならなくなるといったこともありうるだろう。

ムコシュウト問題と直接関係はないが、悪妻として知られるのは、ソクラテスの妻クサンティッペと、トルストイ（一八二八‐一九一〇）の妻である。もっともクサンティッペは、むしろソクラテスの思想に振り回された人だし、ソクラテス自身が女より少年のほうが好きだったのだから、やむをえない。トルストイは、最後に妻が怖くて家出して、田舎の駅の駅長室で死んだというので、当時、日本にはトルストイ崇拝家がたくさんいたため、皮肉な作家の正宗白鳥が、トルストイもしょせん妻を恐れる男に過ぎなかったのだと言って、論争になった。だが、最近の映画「終着駅　トルストイ最後の旅」（二〇〇九）で描かれたように、あれは、自分の死後、著作権は慈善団体に寄付すると言うトルストイに、子供たちのために残してくれと妻が反駁し、そのあげく、ふらりと家を出て、駅長室で具合が悪くなって死んだというだけのことで、この一事をもって、トルストイの妻を悪妻ということはできないだろう。

それに対し、悪妻として名があがるのが、十八世紀の作曲家ヨーゼフ・ハイドン(一七三二-一八〇九)と、南北戦争の時の米国大統領エイブラハム・リンカーン(一八〇九-六五)の妻だというのは意外である。ハイドンは、かつら師ケラーの二人娘のうち妹のテレーゼが好きだったのに、ハイドンが二十四歳の時、テレーゼは修道院へ入ってしまう。ハイドンはモルフィン伯の楽長(宮廷音楽家)になり、二十八歳で、姉のマリア・アンナ・アロイジアと結婚したが、姉はもう三十一になっており、ケラーがハイドンに押し付けるのに成功したものだったという(井上和雄『ハイドン ロマンの軌跡』音楽之友社、一九九〇)。ハイドンは女に関しては晩生《おくて》で、結婚してから、妻が軽率で、浪費家であることに気づいたという。妻の浪費のおかげで、ハイドンは長く貧乏が続き、遂には「彼女は何の役にも立たない女だ。私が藝術家だろうと靴直しだろうと彼女にとってはどうでもいいことなのだ」と言ったという。

リンカーンの妻は、メアリー・トッド（一八一八 - 八二）というのだが、残っている写真を見ると、どうも、まず、美しくない。太っているのは年齢のせいとしても、痩せていても美しいとは思えない。奴隷解放をなしとげたリンカーンの妻として皮肉なことに、メアリーは南部ケンタッキー州の裕福な家庭で、黒人の召使にかしずかれて育ったお嬢さんで、頭は良かったが、精神に不安定なところがあったようだ。リンカーンは南北戦争が終わったあと、劇場で俳優のブースに撃たれて死ぬが、その後メアリーは異常な言動をするようになり、施設に入れられて、余生を廃人同様に過ごして死んだという（ドリス・カーンズ・グッドウィン『リンカーン』邦訳、中公文庫）。

だが、悪妻中の悪妻といえば、わが開高健（一九三〇 - 八九）の妻で、詩人の牧羊子（一九二三 - 二〇〇〇）だろう。見ての通り、七歳年上である。開高の親友だった、関西大学教授の日本近代文学研究者、書誌学者、コラムニスト、右翼の論客の谷沢《たにざわ》永一（一九二九 - 二〇一一）の『回想開高健』（新潮社、一九九二、のちＰＨＰ文庫）によると、大阪で谷沢らがやっていた文藝同人誌

『えんぴつ』に入ってきた牧は、まだ二十一歳の開高を籠絡《ろうらく》し、妊娠して、道子（一九五二 - 九四）を産んだ。開高は後年、よく南米あたりへ釣りに出かけていたが、これは牧から逃れるためで、うつ病だったのが、飛行機が離陸するとそれが治ったという。牧は谷沢を「えいちゃん」と呼び、読売文学賞に推薦してくれ、と言って来たりした。開高はガンで死んだが、告知しないはずだったのに、牧が言ってしまった。病床で開高は牧を「鬼」と呼んだ。葬儀は牧がとりしきり、ドラマ仕立てにしようとしたので、谷沢は拒否した。エッセイストだった開高道子は、父の没後五年で、鉄道自殺した。だが惜しまれるのは、そんな悪妻は離婚するとか、私小説に書いてしまうとかいう度胸が、開高になかったことである。

Muko Shuto

第四章

現代の結婚論

ネットお見合いのすすめ

あれはやはり「お見合い」だったのかなあ、と思うことがある。私が大阪大学へ赴任する前の三月はじめ、母から、東京文化会館で『シモン・ボッカネグラ』というヴェルディのオペラの公演があって切符をもらったから行かないかと言われ、その日私は駒場の東大へ行って渡邊守章先生の最終講義を聴いてから上野へ向かったのだが、少し遅れて、席へ行くと、母の隣に二十代後半かという女性がいて、紹介されたのである。

私ははっとして、さてはお見合いか、と思い、ずっと不快そうな顔をしていたのかもしれない。終わってそのまま何ごともなく帰ってきて、それ以後も何もなかったけれど、私の表情から、言い出せなかったのかもしれない。

当時私には、相変わらず片思いながら好きな女性はいたし、だからお見合いなど拒否して当然だったとも言えるのだが、その後、私自身が、友人の結婚をあっせんしようとして、激しい拒絶に遭ったこともあった。その友人は、中学時代の同級生だが、割と金持ちの家だったため、二十代の頃から、お見合いの話が持ち込まれていたらしい。だが彼は、「俺は恋愛がしたいんだよ!」と言っていた。

この、恋愛結婚至上主義というのは、だいたい西洋と日本で同じころ、一九二〇年代ころに本格的に始まったもので、第二次大戦後には、多くの先進国で一般化する。

しかし、お見合い自体が、明治中期に始められたという説が一般的で、ただ確証はないらしい。それ以前は、俗に信じられているところでは、結婚相手は親がとりきめ、結婚式の日に初めて顔をあわすというのだが、それは上層の武家、公家、あるいはせいぜい豪商、豪農の世界の話である。

下層庶民の世界での結婚は、もっと乱れたものであった。一時期、そういう昔の性風俗を美化する傾向が一部にあったが、それは一九七〇年ころからの「自由恋愛」と似たようなものだと勝手に空想したからである。

そもそも昔は、人間の寿命というものが概して短い。天然痘、肺結核、戦争などで、人は三十代から五十代でばたばた死んだのである。さらに女は、出産で死ぬことが多かった。結婚して、子供を育てて、その子供を結婚させて、老夫婦になる、などというライフコースが一般化するのは、高度経済成長期のことである。離婚も多かったし、避妊も一般的でないから、子供はどんどん生まれ、どんどん死んで、あちこちに離散し、実の父母に育てられた例のほうが少ないくらいに思える。現代であれば、ぐれてしまうのじゃないか、というようなことが一般的だった。

生涯結婚できない男女というのもたくさんいた。といっても、その生涯自体が短いのである。夏目漱石は四十九歳で死んでいるのである。

哲学者の谷川徹三（一八九五 - 一九八九）は、衆議院議員だった長田桃蔵《おさだももぞう》（一八七〇 - 一九四三）の次女の多喜子（一八九七 - 一九八四）と恋愛結婚をしている。大正十一年から十二年にかけて、二人は厖大な量の手紙をやりとりしているが、二人とも京都にいるのである。徹三は貧しい家の生まれである。この往復書簡が、息子の谷川俊太郎が編纂して『母の恋文』と題して新潮文庫に入っているが、なぜ両親の往復書簡なのに「母の恋文」かというと、解説によれば、父徹三は世間に知られた著述家だが、母は無名の人だから、だという。本に入っているのは、全体の四分の一だというが、それでもかなりなものだ。

多喜子は同志社女学校（現・同志社女子大学）に学んだインテリで、林達夫（一八九六‐一九八四）の妹の友達だったため、徹三はそこから紹介されたらしいが、もともと長田多喜子というのは、京大の学生の間では知られた知的美人だったらしい。だが徹三はハンサムだったからか、多喜子はたちまち恋におちたらしく、いきなり冒頭からアツアツの手紙が連続する。多喜子の手紙の口調が、現代風でおきゃんで魅力的なのである。

今日父の用事で浜寺《はまでら》へ参りました。一寸《ちょっと》海を見ましたがあゝざらに人間がゐては、いやになります。殊に丸髷《まるまげ》に結ったりしたデブ〳〵した女が泳いだりしてゐるんですもの、こいつは助からねえと思ひました。で、にげて帰りました。（略）あのアキラさんって人は少し私達と心持の異《ちが》ふ人なので困るのです。でも何も自分達と同じ心持にしたくもありませんからそれはどうでもよろしい。

私がもしこんな手紙を、知的美人から貰ったら、仮に容貌が少し自分の好みと違うなと思っていても、イチコロである。惚れてしまう。こんなのが延々と続くのだからさぞ徹三も熱くなったことだろう。

多喜子は、「私は此頃あなたの様な方が入来《いらっしゃ》るのなら生きてゐようと思ってゐるのです」とか、「私は私の一生を私自身とあなたのものに決定しました」とか、大変なのぼせぶりである。なんで金を出して本を買って他人ののろけを聞かされるのかと思うほどだ。

結婚する話が出て、徹三は、自分の家とあなたの家と身分にへだたりがありすぎると懸念を表明するのだが、多喜子はこう返事している。

今日のお手紙は少し私をびっくりさせました。私とあなたとが結婚するのに、なぜ私の家とあなたの家とを結ばねばならないのでせうか。私の家とあなたの家とが釣り合はないって、私は自分の体の外に物質的所有物はないのです。皆父の物です。

旧民法の時代なのだから、成人であっても結婚には親の許可がいる。大正デモクラシーの洗礼を受けて、多喜子はリベラルな娘になっているのだ。

いよいよ結婚と決まって、徹三は父の桃蔵宛に手紙を書くのだが、多喜子はそれを先に読んで、父には渡さない。確かに徹三の手紙はへりくだりつつ、いくらか挑戦的である。「第一に私は立身出世といふ様なことの出来る男ではありません」とか、これまで放蕩《ほうとう》をしていて純潔ではない、つまり童貞ではない、といったことを書いている。前者は、その後を見ると嫌味に謙遜しているし、後者も、わざわざ書かなくてもよろしいのである。だいたい、結婚しようという女の父と、そういう立場で接触する時というのは、男はいくらか戦《いくさ》に行くような気分になる。だから多喜子が、もう自分から話してあるからと言って父に渡さなかったのは、賢明だったとも言えよう。

しかしこの手紙は、恋愛初期のものだから、それは熱いに決まっているのである。もう八、九年前のことだが、ネット掲示板から発した『電車男』が話題になり、映画化やドラマ化もされたが、二人の恋愛が盛り上がっていくところで「この時期がいちばんいいんだよな」と冷めたコメントをしていた者がいたが、まあ実際そうなのである。

明治期の皮肉で知られる斎藤緑雨《りょくう》（一八六八‐一九〇四）という批評家・小説家は、恋愛というのはしょせん性欲の発動だと言ったが、この恋愛初期の盛り上がり状態というのは、なるほど確かに人間のうちの、動物としての性欲がガガガガッと来て、アドレナリンが出まくる状態なのである。逆に言えば、振られてストーカーになってしまったりする時は、それとは別種の脳内物質が出ているのだろうとも言える。

二人の手紙は、大正十二年（一九二三）七月の、有島武郎が波多野秋子と情死しているのが見つかったあたりで終わっている。徹三は、既に白樺派の志賀直哉や長与善郎《ながよよしろう》のところに出入りしていた。九月に二人は結婚するのだが、これは京都なればこそで、東京は関東大震災でそれどころではなかった。

手紙の中で、徹三はしきりに、キスがしたいと書いている。当時のこととて、フランス語で「ベエゼ」などとあるが、多喜子は自分がよく熱を出すので、肺結核ではないかと恐れ、キスでそれが徹三にうつることをも恐れている。あとがきで俊太郎は、徹三が、性病をうつしたのではないかと恐れる箇所があると書いているのだが、この二人は結婚前は接吻だけだから、読み違えか、あるいは収録されなかった手紙にそういうことがあったのか。徹三が、自分は遊蕩をして性病なので、結婚したらそれをうつすのではないかと恐れている、ととれる手紙はある。

だがこの、長くて甘い往復書簡には、俊太郎の編集によって、衝撃的などんでん返しがついている。「三十年後の手紙」と題された、一九五四年の、多喜子から徹三宛のものである。結婚して、俊太郎が生まれるのは昭和六年（一九三一）だが、その直後、徹三（三十六歳）はほかの女と恋におちる。そしてこの一九五四年に、俊太郎は岸田衿子と結婚するのだが、徹三は愛人宅にいて帰ってこない。その夫に宛てた、悲痛な手紙なのである。徹三は五十九歳、多喜子は五十七歳である。

「あなたの愛人との生活を私は邪魔したり、せめたりする資格はもう私にはないものと、出来るだけあなたにつれなくしてあなたを自由にする事がいゝと思ってゐました。私は馬鹿でした」

「あなたが愛人のところへ入来しても私もカバンの中や洋服の中に一緒にゐると思ったら淋しくなくなって来ました」

「俊太郎は僕があまりお母さんを独占しすぎたやうな気がする、お父さんの心を外へ向けるやうな結果になった、と言ひます」

「俊太郎ももう女を知り、ではと思った時は何だか今更、一寸てれくさいやうな…」

多喜子がこの手紙を見せると、徹三は多喜子とセックスするようになる。

「この頃あなたは時々私のところへ来て、要求されますが、不思議なことにあれほど一人であなたを想《おも》ひ乍《なが》らいゝ気持になれるのに、痛さが先に来て、いゝ気持になれない始末です。たゞ一度あなたがサックなしで入れて下すった時、私は、あなたとほんたうに一体になれたといふ気持と暖く身内に入って行く物体を感じて、とてもいゝ気持になりました。前々から私はコンドームがいやで、何だかいつまでも他人の感じで早く妊娠の心配がないやうになったらと思って楽しみにしてゐたのです。

私のこの悪い習慣を早くなほしたい。私をあなたが相手にして下さるなら。お願ひだからあなたも協力して下さい。二人はどんな場合でもサックなしで出来るやうに早くなり度《た》い」

「悪い習慣」というのはオナニーのことである。谷川俊太郎とて、この手紙には驚いたかもしれないが、この編集はみごとである。『母の手紙』と題された真意は、むしろこの最後の手紙があればこそであろう。

谷崎潤一郎は、一九六一年（昭和三十六）、「東京新聞」に「親父の話」という随筆を書いて、少年の頃、父母がセックスしているのを垣間見てしまった経験を書き、家の戸棚のひきだしにコンドームを発見したなどとしたが、この時、新聞にこういうことを書くのはいかがなものか、とちょっと問題になったようだ。なお、コンドームを一般庶民が普通に手に入れられるようになるのは昭和三十年代で、それより前は、東京あたりの中流階級が、ドイツからの輸入品を入手していた。

谷川と多喜子が結婚して数年後、北海道の伊藤整《せい》（一九〇五‐六九）も、将来の妻と恋文のやりとりをしていた。これも息子の伊藤礼《れい》が編述して『伊藤整氏こいぶみ往来』（講談社、一九八七）として刊行されている。だが伊藤は、大正末年に詩集『雪明りの路』を刊行してから、東北、北海道の女性ファン数人と会い、関係をもったりしていた。伊藤の恋文の相手たる妻はすごい美人である。谷崎松子が美人だったと言われるが、写真で見るとそれほどでもなく、武者小路実篤の二人目の妻が美人である。

だが伊藤も、結婚して数年たつと、浮気をするようになる。それで自分で後になって、「近代日本における愛の虚偽」（一九五八）を書くことになるし、ベストセラーとなった『女性に関する十二章』（一九五四、中公文庫）では、結婚して、気の早い男なら三日もたつと、なんで俺がお前のようなスベタと一緒になったんだという目をする、と書いている。

宮本百合子は、湯浅芳子宛の書簡の中で、セックスをして、男は射精をするとたんに態度が変わる、目まで変わると書いているが、これは普通に考えたら、荒木茂のことだ。童貞・処女でない方々は、覚えがあるであろう。要するにこれも動物的本能のあらわれで、射精してしまえばもうメスに用はないということなのである。

それが個体発生と系統発生の関係みたいに、結婚に際してもあらわれるというわけだ。つまり谷川俊太郎は、甘い恋愛結婚の夢を抱く若者たちを延々と見せておいて、その最後を見せつけたというわけで、この本は、アンドレ・ジイド（一八六九‐一九五一）の『女の学校』みたいな構成を持っている。これは、熱烈な恋愛結婚をしたあとで、女が夫に失望した五年後を描くというもので、昭和初年の日本でよく読まれ、作家も模倣した。その後、夫の側の言い分を描いた『ロベール』も出た。

この「結婚後の倦怠、浮気問題」について、フランスの首相を務めたレオン・ブルム（一八七二‐一九五〇）が『結婚について』（邦訳、二見書房、角川文庫など、品切れ）という本を書いている。ブルムは、人間には、ポリガマスな時期、つまりあれこれと恋愛をしたい時期というのがあるが、それはいずれ終わるので、あれこれ恋愛を楽しんで、それが終わってから結婚するといい、と書いている。だが、これはさすがに無理な話で、人によってはそれが五十歳近くまで続く人もいるし、下手をすると、ゲーテや斎藤茂吉のように、生涯続く人もいる。

さて、谷川徹三夫妻の、大正十年ころのアツアツの往復書簡について、なんだ、そんな昔にも恋愛結婚はあったんじゃないかと思う人がいるかもしれないので言っておくと、これはごく一部の「特権階級」だけの話である。

大正後期というのは、いわば「恋愛の時代」であった。与謝野晶子が、恋愛結婚でない結婚は不貞も同然だと書き、エレン・ケイの『恋愛と結婚』（邦訳、一九二〇）や、厨川白村《くりやがわはくそん》の『近代の恋愛観』（一九二二）が売れて、恋愛結婚至上主義をあおった。

有島武郎は、三人の男の子を残して妻が若死にしたあと、中央公論社の美人記者（編集者を当時は記者と呼んだ）で人妻の波多野秋子と恋愛し、夫に脅迫されて、軽井沢で情死し、世間の話題となった。久米正雄は、漱石の娘に失恋した経緯を小説『破船』に書いて『婦人之友』に連載し、ベストセラーとなっていた。ところで、漱石の長女筆子というのは、実はそんなに美人ではなく、久米は、当時菊池などから言われたとおり、漱石の娘ということに後光を感じていたのだ。

キリスト教会は明治末から堕落して、学校は男女別学なので、異性に会うために教会へ来る者が増えた。つまり教会が男女交際の場となったのである。

だが、そんな中で、「自由恋愛」とか「恋愛結婚」というものを、自分の身の上にも起こりうることだと考えられたのは、日本人の一握りでしかなかった、ということは、おさえておかなければならない。一握りというのは、具体的に言うと、〇・一パーセントである。当時は、台湾や朝鮮も日本領だったから、それを除くと五千万人くらいの人口だが、だから五万人である。ただしこれは年齢と関係ない数字なので、実際の数字はもっと少なく、一万人くらいになろうか。

さらに、夢想したり憧れたりするだけではなくて、谷川や伊藤のように、実践できる人といったら、さらに減って、〇・〇一パーセントになるだろう。のちに哲学者として名が知られ、法政大学教授、藝術院会員にもなった谷川徹三だからできたことで、同じように京都帝大を出ても、そんなことは不可能だった者もたくさんいたのである。

徹三は、手紙の中でなかなかうまい詩を披露していて、これはさすが俊太郎の父だが、詩人はもてるのか。といえば、もてない詩人というのは確実にいて、室生犀星がその一人である。やはり、顔も良くないといけない。

戦後の学生運動も、男女交際に利用した（ふとどき）者がいたようだが、どういうわけか、学生運動に参加する女子は、美人が多い。『二十歳の原点』（新潮文庫）で知られる自殺した高野悦子（一九四九‐六九）も、安保反対闘争で圧死した樺《かんば》美智子（一九三七‐六〇）も、日本赤軍の重信房子（一九四五‐　）も、歌人の道浦母都子《みちうらもとこ》（一九四七‐　）も美人である。もちろん、そうでないのもいるけれど、これは、良家の令嬢が、ブルジョワであることの罪悪感から左翼運動に身を挺することが多かったのが一因だろう。良家では、美人を嫁さんにするから、娘に遺伝するのである。次に、学生運動は何といっても男中心の世界だから、美人でないと、いろいろひどい目に遭うので、脱落しやすい、といったあたりか。

さて、昭和戦前期も、モボ・モガ風俗などがあり、都市文化の発達があり、恋愛熱は燃え上がったが、この当時は、左翼運動もまた、恋愛の場になっていた観がある。徳永直《すなお》（一八九八－一九五八）の『太陽のない街』（一九二九、新潮文庫）などは、左翼運動の中で、女のからだが弄ばれていた様子を描いているし、広津和郎《かずお》（一八九一－一九六八）の『風雨強かるべし』（一九三四）などは、左翼運動の中での恋愛を描いている。だがこれも、都市部と、学生など知識階級が中心で、地方や、高等小学校を出て働くなどといった階層は、セックス中心の異性関係に入って行くか、適当に結婚してしまうかのいずれかだった。都市部で「桃色遊戯」という言葉が生まれたのも、この頃である。

戦時中は、おのずと、恋愛も抑制される傾向があった。「ズンドコ節」という戦時歌謡があって、戦後一九七〇年代に、ザ・ドリフターズが新しいアレンジを加えて歌っていたが、あの中に、出征する兵隊の心境を歌って、「汽車の窓から手を握り、送ってくれた人よりも、ホームの陰で泣いていた、かわいあの子が忘らりょか」というのがある。だが、そんな泣いていたあの子がいるような兵隊は、やっぱり一握りだったろう、といつも思うのである。

さて、戦後になって、米国による占領ということになり、さまざまな価値が崩壊する中、東京の鳩の街のような新興売春街ができたり、田村泰次郎《たいじろう》の『肉体の門』などの「肉体文学」が流行したり、エロ小説やエロ記事の載っている、仙花《せんか》紙《し》という安手のぺらぺらの紙でできたカストリ雑誌が出回ったりする。

その一方で、石坂洋次郎の『青い山脈』（一九四七）のように、自由だが節度を守った男女交際は、高校生でも許されるという内容の小説が当たったりした。それより一時代あとになるが、菊田一夫（一九〇八‐七三）の『君の名は』（一九五二‐五四）というラジオドラマがヒットして、これは真知子というヒロインが、本当に好きな相手の後宮《あとみや》春樹と結婚しそこない、親の決めたあまりよくない男と結婚させられて、離婚しようとするのだが法律に縛られてなかなかできず、好きな春樹ともなかなか再会できないというすれ違い劇で、映画化もされた。

「恋愛結婚至上主義」が、一般庶民の間にも広がったのは、昭和三十年代から、一九七〇年代にかけてである。それは同時に、売春防止法が施行された（一九五八）時代でもあり、コンドームが普及した時代でもある。

この時代に、池田書店、三笠書房、大和《だいわ》書房、青春出版社などから出た「恋愛論」や、恋愛指南術の本は、おおむね、節度ある男女交際を勧めている。つまり、大人なら男女交際自体は悪くないが、結婚前に肉体関係を持ってはいけない、というのである。

だが、売春防止法を施行したあとで、こういうことを言うのはおかしいので、では男は結婚まで童貞でいろというのかということになる。

大正時代には、女が結婚まで処女でいることを求めるなら、男も童貞であるべきだという意見があった。だが、それを支持した人たちは、口先だけで言っているか、単なる知識階級の建前論でしかなかった。

どうも大正期あたり、芥川龍之介のような人も、吉原で娼婦を買っていたようで、友人の久米正雄は梅毒に罹《かか》り、失恋後、結婚が遅れたのもそれが一因だったらしく、久米は関東大震災後、藝妓だった人と結婚した（拙者『久米正雄伝』中央公論新社）。

アドルフ・ヒトラー（一八八九 - 一九四五）は、『わが闘争』（角川文庫）の中で、ドイツの若者が性病に罹ることを懸念して早婚を勧めている。だが、コンドームが入手容易になれば、娼婦を買っても性病に罹患《りかん》せずにすむわけである。だから、コンドームの大量生産と、売春の禁止というのは逆行する措置《そち》で、あとは「健全な家庭計画」つまり子供の数を減らすという効果を期待するだけになる。

ところが、早婚どころか、以後、次第に結婚年齢は男女ともにあがる一方になり、かつまた子供の数は一夫婦平均して二人になり、養子をとるとか婿養子をとるとかいうことが困難になったわけである。民法の建前上は、家制度がなくなったからそれでいいとも言えるが、現実はそうではなかった。

行政筋としては、子供の数が少なくなって、「貧乏人の子だくさん」現象をなくし、それ以後の高度経済成長と、国民の富裕化を目ざして、それには成功したわけだが、家制度の根強い残存の中での、養子、婿養子のあてがなくなることまでは考えなかったのと、恋愛結婚至上主義の蔓延《まんえん》によって晩婚化が進むことなど、とうてい政治家や官僚に予測できることではなかっただろう。

確かに、知識人の中には、恋愛結婚至上主義によって、見合い結婚をした者がいたずらに軽蔑される風潮を憂える人があった。一人は政治学者の神島二郎（一九一八 - 九八）で、そのことに警鐘を鳴らし、四十代で独身だったが、見合い結婚をした。あと、山口瞳（一九二六 - 九五）の小説『結婚します』（一九六五、新潮文庫）では、見合いをした編集者の北川浩太郎が、いきなり相手の女である加納百合子から、「わたくし、お見合いなんかする男の人って、嫌いなんです」と言われて（もっとも百合子も見合いしているのだが）、意地でも見合い結婚してやると見合いを繰り返す。ただし浩太郎は、女とつきあったことがあり、童貞ではない。何人かの女と見合いしたあげく、百合子と結婚するという、よくあるパターンの小説である。コメディタッチで、見合い結婚でも恥じることはないという主題があったとしても、貫徹されたかどうかは不明である。

さて、見合いというのは、現代ではなくなったと思っている人もいるが、社会の上層ではまだ生きているに等しい。それはそれとして、現代では、実質上見合いであるものを、恋愛だと言いくるめようとする者が多く、友達の紹介で知り合った、などと言っているが、実際それは一種の見合いだろう、というケースもある。合コンなどというのも、一種の集団お見合いである。

一九六〇年頃の恋愛結婚指南本などを見ると、「今はまだ出会いの場が少ないので恋愛結婚のできない人がいるが、そのうち出会いの場が広がって解決される」などと書いているものがある。だが、その後出会いの場はかなり広まったといえるが、解決などされていない。こういうことを書いていた人は、本気だったのか、嘘と知りつつ書いたのかは知らないが、歴史の皮肉というものもある。明治期の廃娼運動家から、つい先ごろのフェミニストまで、貧困がなくなれば売春はなくなる、と言っていた。だが、現在の日本には、相対的貧困はあっても絶対的貧困はないが、売春はなくなっていない。あるいは、十八世紀以来、知識人は、教育が普及して啓蒙ができたら、民衆はかしこくなって愚行がなくなるだろうし、民主主義の下での政治もよくなるだろうと考えたのだが、政治はともかく、愚行のほうはなくならなかった。

二十一世紀に入るころから、ようやく「もてない男女」問題というのが存在することが意識され始めたのである。ただ、ジェンダー系の社会学者などは、今なお、そのことを素直に認めようとしない。いけないことである。

だが、最近では晩婚・非婚化が憂えられて、「婚活」という巧みな言い換え語があらわれ、人々は「結婚するために活動する」ということを普通にするようになった。というのは、「恋愛結婚至上主義」というのは、たまたま恋愛した、だから結婚する、というのが建前で、自ら、結婚相手を探すぞと言って出かけていくものではないからである。

実際には、高校から大学にかけて、たまさか知った異性を好きになるということは普通にあるだろうが、それが相思相愛となるのは、これまた一握りの「恋愛エリート」であり、美男美女の特権でしかない。

一時期、というのは私が若かった一九八〇年ころ、「三高」ということが言われた。高学歴、高収入、高身長のことで、男の側の、女から選ばれる条件のことである。今は「スペック」などと言われる。

だが、多くの「婚活」本は、今では「三平」つまり平均的なのがいい、とされているなどと言う。本当かどうか知らないが、三十にもならない男に、年収七百万を求めるのは無茶だ、ということくらいは、女たちも理解してきた。身長に関しては、数値化できるために持ち出された観が強く、実は顔がいいかどうかのほうが重要だろう。

私は若いころ、「男は顔ではない」とかたく信じていて、「ある程度、顔だよ」などと言われていたが、歴史をみると、そうなのである。身長が高くても、ブオトコはダメである。もちろん、三高全部揃っていたり、人柄がすばらしかったりすれば、ブオトコでも何とかなる。だが、ほかが同じなら、背の高いブオトコより、背の低い美男のほうがもてる。

あと、重要なことを、多くの「婚活」本は書いていないのだが、それは、親の社会的地位や収入である。私は東大卒だから、高学歴女性からは振られてばかりいたが、低学歴女性からは、よく標的にされていた。そこで彼女らは、さりげなく、父親の職業を訊いてくるのである。相手が期待するのは、父親も東大・京大卒で、企業重役、教授、官僚などであるということか、明大卒くらいだが、地方の地主であるとか、そういうことである。私の場合、ここで落第する。まあそれ以前に、私には高学歴以外にいいスペックはないのだが、女は割とそのへんを見ている、と考えるべきである。ただ、こういうことを「婚活本」で書くと、絶望してしまう男子がいるので、なるべく書かないのである。

若い女は、男に出会って、こいつと結婚してもいいかなと思ったら、さりげなく、親の職業や収入について探りを入れてくるものである。もちろん、イケメンの男だったら、そいつがバクチ中毒で借金まみれでもつきあってしまう女もいるのであるが、それはまた別の話である。

女は美人であれば、かなり有利だが、それでも今日び、あまりバカだったり、低学歴だったりすると、いい獲物《えもの》は獲得できない。高学歴男子をつかまえるには、出身大学もそれなりであったほうがいい。昔は青短（青山学院短大）がエリート男の妻の相場だったが、今なら聖心女子大、白百合、フェリス、東京女子大、日本女子大あたりがいいだろう。愛知県では、ＳＳＫと呼ばれる愛知淑徳《しゅくとく》大、椙山《すぎやま》女学院大、金城《きんじょう》学園大、関西では神戸女学院大がお嬢さま大学ということになっている。

さて、私の友人の後藤（仮名）は、地元の友達だが、家が金持ちだったため、二十代の頃から、見合いの話が持ち込まれていたが、当人は嫌がって、俺は恋愛がしたいんだ、と言っていた。彼は都内の私大にいたころ、不毛な片思いをしていたのである。

恋愛結婚至上主義というのは、近代の神話である、恋愛結婚など一握りの特権階級にしかできないものなのだ、と言っても、人はすぐにはそれをあきらめることはできない。特に、普通に「恋愛」などできない者にとっては、乗り越えられない壁として立ちはだかる。むしろ、ほいほい異性とつきあって生きてきた人間のほうが、ひょい、と結婚してしまったりするのである。

つまり、恋愛のできる人間は、恋愛結婚至上主義から自由になりやすいということで、そうなると恋愛のできない人間は、恋愛に憧れ、恋愛結婚に憧れ、しかしできないという負の無限ループにおちこむことになるのである。

私などは、その典型的な例であろう。好きな女性はいるが相手にされない、という状態が長く続き、病状をこじらせていた、と言える。

かといって、ではそれ以外にいかなる結婚に至る道があったかといって、「お見合い」というのは、文化としては滅びつつある。

これは一般化できない経験かもしれないが、私が三十代の頃に、「お見合い」の話が、母から来るということもあった。私はかたくなにそれを拒んだ。いや、一回くらいであろう。ところが、当時私が好きだった女性は、お見合いをしていたのである。また、のち結婚した女性も、お見合いをくりかえしていた。だが、結婚はできなかったのだ。

さて、三十代から四十代になり、また母が持ち込んだお見合い話があって、私はふと、どこの大学出身なのかと訊いてみた。すると、問題外ともいうべき三流大学だったから、写真を見るまでもなく断った。

その頃、六十歳くらいの企業重役が、むかしお見合いで結婚したという夫人と一緒に、週刊誌の広告ページに出ていたが、その夫人が美しいのである。若い頃と現在と二つの写真が載っており、若いころも美しかったが、今でもまだ美しいというくらい美しい。で、お見合いというのも悪くないか、と思ったりしたのだが、その人のお見合いというのは、一九五〇年代のことで、その当時なら、普通に美しく、頭脳優秀な女性も、お見合いに出てきていたのである。

しかし、私の当時でも、その私の好きだった女性はお見合いをしていたのである。これはどういうことか。

世間には、男の学歴は重要だが、女はそうではないという考え方がある。現在の「お見合いパーティ」でも、男は学歴、収入を重視されるが、女はそうではない。それに、家の格というのが、この場合、バカにならない。私が好きだった女性は、いわゆるお嬢さまだったが、私はそれこそ、農家の息子の時計職人の息子であるから、そんなにいい家のお嬢さまとのお見合い話は持ち込まれないのである。もっとも、山口瞳の『結婚します』にあるように、見合いに来る男などというのはろくな男ではないという、よく考えるとおかしな美意識があり、実際、八〇年代ころになると、確かに、見合いをする男というのは、何かしら問題を抱えた男が多かったようである。もちろん、その問題には、田舎の家業を継がなければならないとか、医師で開業したいのだが資金がない、そこで裕福な家のお嬢さんと結婚して土地を使おうとか、そういうのも含まれている。女の側からしたら、後者など嫌なものだろう。

こういう話を聞いて、嫌な気持ちになる人もいるだろうが、世間にはそういう現実もある、ということを明らかにするために書いているのである。私だっていくらかは嫌である。

そういえば、これは別の女性で、わりあい美人で、東大の大学院にいて、官僚と見合い結婚した人もいたが、五、六年で別れてしまった。ほか、少し年長の先輩男性学者で、見合いで美しい、お嬢さま大学出身の女性と結婚した人がいる。

だいたい、これで当時の現況をうかがえると思うのだが、私くらいの世代では、学者になって、結婚しそこねたという女性が非常に多い。美人でもてたのに、である。これは典型的な、仕事を持った女が結婚できないという状況である。私などは、むしろそういう人と結婚したかったのであるから、むずかしいのは当然とも言える。

ところで、水次祥子《みずつぎしょうこ》『シンデレラは40歳』（二〇〇四、扶桑社文庫）に、三十九歳の独身女性の話が出てくる（目次では四十一歳となっているのだが…）。この人は、仕事上でのつきあいで、大した男でないと思っていたのが、一流国立大学出身の広告マンだと聞いて、がぜん、見方が変わったという。

「まったく、女ってやつは」

と思う男性諸氏もいるのかもしれないが、私は、あ、俺みたい、と思ってしまったのだ。

文藝評論家の田中弥生によると、私が女性を好きになるなり方というのは、むしろ、女が男を好きになるなり方に似ているようである。チェーホフ（一八六〇－一九〇四）に「可愛い女」という短編小説があり、愛人が変わるたびに、相手に合わせて趣味も変わる女を描いているのだが、私も若いころ、好きになる女にあわせて、微妙に趣味を変えようとするところがあった。つまり「可愛い男」である。チェーホフは身長が一八〇センチあり、ずいぶんもてたようで、「かもめ」に出て来る、若い娘を迷わして堕落させてしまう、三十代の作家のトリゴーリンは、チェーホフ自身であろう。私がチェーホフをよく理解できないのは、そのあたりが原因かもしれない。

さらにのち、さる女性編集者が訪ねてきた。そんなに美人でもないし、気に留めていなかったのだが、三年後くらいに会った時に、おや、きれいになったな、と思ったのと、彼女が東大卒だと知ったのとが同時くらいで、それを知ったとたんに、その人がちょっと好きになったから、我ながらあきれた。

「フェミニスト」が言うことは、結婚に関しては混乱しきっていて、ここでは「女のフェミニスト」で、大学教員ないし知的職業に従事する人のことであるが、結婚制度否定論者についていうと、こういう人は、恋愛の強者が多く、上野千鶴子のように、男に不自由したことはない、などと言うので、論外とする。結婚している人の場合、これはまず恋愛結婚で、しかも若いころに熱烈な恋愛結婚をしたという人である。で、夫婦で大学教員をしていたりして、夫婦共稼ぎをよしとするのだが、こういう人は、エリート階層のことしか考えていないのが普通である。

それで子供まで産んでしまう人がいるのだが、だいたいエリート階層の夫婦共稼ぎといったら、職場が遠く離れることもあり、はなはだ困難なことになる。特に学者の場合、学者同士で結婚しても、二人とも東京勤務とか関西勤務ならともかく、北海道へ行ったり九州へ行ったりして、ままならない。企業なら転勤があるが、それも実際どうであるか。米国あたりでは、ウィークエンド・ラヴとばかり、週末、飛行機に乗ってお互いのところへ行ってともに過ごすというのがあるし、日本でも、シンデレラ・エクスプレスなどといって、週末に新幹線で会いにくるなどというのがあった。

これは、老いた親の介護でもそうで、舛添要一(一九四八-)は、福岡にいる母の介護のために新幹線で往復したことを書いていたが、これは舛添が頑丈だからできたことである。私は大阪に勤務していて、それを辞めて東京に移ったのだが、その後、母と父が相次いでがん、それからボケののち死んだ。これも、もし私が大阪にいたままだったら、どうなっていたのだろうと思う。

遠距離移動をくりかえすことは、苦にならない人と、そうでない人がいる。国会議員などは、「金帰火来《きんきからい》」といって、金曜日に選挙区へ帰り、火曜日に東京へ戻ったりする。大学教授でも、東京から京都の大学へ毎週出かけるといった人がいる。ドイツ文学者の高橋義孝《よしたか》（一九一三 - 九五）などは、九大教授だったので、毎週東京との間を飛行機で往復して、「ジェット教授」と呼ばれた。米国あたりでも、離れた州で大学教員をしている夫婦は、週末になると飛行機で飛んで行ったりしている。これは、平気な人には平気だが、それで体や精神を病んでしまった人を私は少なくとも二人知っている。それに対して、猪口邦子（一九五二 - ）のように、自分は四谷の上智大に勤め、夫の猪口孝（一九四四 - ）は本郷の東大に勤めていたので、間をとればいいのだが、それでは共倒れになるので、自分が犠牲になって本郷に住み、それで夫は業績をあげた、などと、マリー＝アントワネットみたいなことを書いて失笑を誘ってくれる人がいる（『くにこ ism』西村書店、二〇〇七）。ここまで来ると、怒る気にもなれないという例で、こういう人が大臣をやるのだから、政治がよくならないわけである。

学者同士の結婚のケースなど、少子化問題と関連しているのだから、文部科学省と厚生労働省で取り組めばいいのに、そういう兆《きざ》しはまったくない。もっとも、全体としては少数だからということもあろうが、エリートの場合、留学する時期が結婚適齢期に当たって、結婚を逃してしまうことも多いのだから、何か考えるべきであろう。

さてしかし、「恋愛結婚至上主義」を批判しても、人がそれから自力で抜け出すというのは、大変なことである。それは、はまってしまった新興宗教を抜けるのより難しい。かく言う私自身、本当に抜け出したのかどうか、心もとない。私は二度、結婚したが、いずれも、世間的には「恋愛結婚」と見えるだろう。あるいは、恋愛結婚至上主義なわけではなくても、昔好きだった人や、昔つきあっていて振られた人が忘れられないということもある。

そうした諸状況を勘案して、だいたい三十代半ばを越えないと、吹っ切れないのではないかと思う。しかしこれは最低ラインで、それ以後も抜けられない人は大勢いる。

そこで、とりあえず吹っ切ったとして、「婚活」になるわけだが、私はかねて、「ネットお見合い」を勧めている。二十世紀には考えられなかったことだが、最近は、自身の婚活体験を本にする人（男）もいて、樋口康彦（一九六五 - ）の『崖っぷち高齢独身者』（光文社新書、二〇〇八）や、石神賢介（一九六二 - ）『婚活したらすごかった』（新潮新書、二〇一一）などが出ている。果てはハワイ大学教授・吉原真里（英文学）は、『ドット・コム・ラヴァーズ』（中公新書、二〇〇八）で、ネットお見合いを利用しての男とのつきあいを、セックス体験まで含めて赤裸々に書いて、私はその前に吉原から変な書評を書かれて怒っていたりしたのだが、これで好感度が増した。

樋口は、関西大学大学院で社会学を学び、富山国際大学の専任講師になったが、なぜか博士号をとっておらず、今も専任講師である。四十歳を超えて独身で、お見合いパーティなどに盛んに出席した体験をつづって話題になった。ほかに、「準ひきこもり」などという概念も提唱しているが、これが社会学者としての業績ということだろう。

樋口の本が話題になったのは、その赤裸々な内容（ただし性的なことがらはない）もさることながら、樋口の理想が高いのはいいとして、どうも立場をわきまえず、出会った女性の悪口を言い、しかもそれが身勝手な理想に基づいていたからである。樋口は、ネットお見合いは使わず、お見合いパーティへ行くのだが、やたらと、前につきあっていた男がいるかどうかにこだわる。また、話をしていて、ガルシア＝マルケスの短編集の話をしたら、相手の女が「それって、死体とやっちゃう話だよね？」と言ったというので非難する。

三十過ぎた女で、男とつきあったことがない、と言ったら、それはむしろ警戒してしまうし、今どき処女願望か？　と思わざるを得ないし、ガルシア＝マルケスを読んでいるなんて、けっこう知的じゃないかと思うし、「死体とやっちゃう」発言も、私にはむしろ、飾り気がなくていい、と思える。

樋口はその後も独身を続けているらしく、ブログはなぜか毎日、しょぼしょぼと書かれていて、誰もコメントしない状態である。まあ大学教員なのだから給料は貰っているのだろうし、私が同情する筋合いでもないが、ものがなしい。

八〇年代には、恋愛や結婚がうまくいかない男女を論じた本がわりあい出てベストセラーになったものだ。コレット・ダウリングの『シンデレラ・コンプレックス』（木村治美訳、一九八二、三笠書房、のち柳瀬尚紀《やなせなおき》訳）がいちばん売れた口だろう。ほかに『ピーター・パン・シンドローム』（ダン・カイリー、小此木啓吾《おこのぎけいご》訳、祥伝社、一九八四）も売れた。当時はフロイト理論がまだ疑われておらず、男についていては、母親ばなれができていないから恋愛がうまくいかないのだといったことがよく言われた。『シンデレラ…』のほうは、白馬に乗った王子さまを待ちわびて齢とっていくという話である。

だが、鋭さと発見性という点では、女性の結婚と、その両親との関係を論じた、岩月謙司（一九五五‐　）の、『娘の結婚運は父親で決まる　家庭内ストックホルムシンドロームの自縛』（NHKブックス、一九九九）や、『母親よりも恵まれた結婚ができない理由　女性の「オトコ運」を母の嫉妬がくるわせる』（二見書房、二〇〇〇）が、この十年ほどのものでは最も重要だろう。ただ岩月は、似たような内容の本を量産するというか、同時期に似たようなタイトルの本を二社から出したりしたのは感心しなかったし、自宅で、「育て直し」療法というのを実践したあげく、強制わいせつで告訴されて有罪になってしまった。だが、娘の結婚を邪魔する両親がいるというのは重要な指摘である。

結婚したがらない女性とか、子供を欲しがらない女とかいうのは、だいたい両親の関係が悪かったりするものである。ただ、これは治療することは不可能に近い。

昔は、女の結婚年齢は二十歳前だった。山田太一（一九三四- ）の『岸辺のアルバム』（一九七七）のお母さん（ドラマでは八千草薫）は十九歳で結婚しており、作中で大学生の息子と上に娘もいるがまだ三十代で、不倫をする。それが一九八〇年代には二十五歳とされ、これを越すと「クリスマスケーキ」と言われた。二十五日を過ぎると「売れ残り」になるという意味だ。それが二十一世紀になると、三十四歳で焦る、となった。私がネットお見合いをしていた頃は、三十四歳の女性がやたら多かった。

だが、子供を産むということを考えたら、女性は早く結婚したほうがいいのである。本来は、三十歳を超えての初産《ういざん》は高齢出産で、三十五を越えたら超高齢出産なのである。こういうことを言うと、女の人はしばしば、今は医療技術も発達しているとか、誰それさんは四十を超えて産んだとか言うことがあるが、危険度は増すのは間違いないのである。だから、三十五になって未出産だったら、諦めたほうが得策である。

こういうことを言うと、アラフォー女性など、むかっとするのか、男だって齢をとったら異常児出産のリスクは高いんだからね、などと言うのだが、それはそうかもしれないが女ほどではないし、仮にそうだとしても、どのみち若い時に産んだほうがいいという事実に変わりはない。

あるいは、若くして結婚しても、どちらかに原因があって、不妊であるということがある。作家の佐川光晴（一九六五‐　）は、初期の小説『ジャムの空壜《あきびん》』（新潮社、二〇〇一）で、不妊の夫婦を描いて、不妊の原因が妻にあると分かっても、責めたりしてはならないと考える夫を描き出している。

私も、不妊治療をしたことがあるのだが（今の妻ではない）、これはなかなか大変で、医者へ行って一室に入り、精子を採集させられるのである。小さな室で、エロ本やアダルトビデオと、再生装置がある。だが、壁を隔てた向こうは待合室で、そこの人々の声が聞こえてくる。さらに、射精する時は上へ向かって出るものだが、それを小瓶に入れなければならないから、その瞬間だけ、ペニスを下へ向けなければならない。さらにそれが入った小瓶を、看護婦さんに渡しに行くのだから、地獄である。

いや、その不快さといったら、尋常ではない。エロ本を見てもアダルトビデオを観ても、これほど興奮しないということはないというくらいで、しかも一度などは、

「今日は二本採りますから」

と言われて、青ざめながら、「出して」、一本渡すと、

「では元気が回復したらまた採ってください」

と言われ、体力というより気力が衰え、一種の人間としての尊厳を冒されたみたいになって、新宿にあったその医院の外へ出て、自動販売機で缶コーヒーを買って、自分の意識では目の下真っ黒みたいな感じで、十五分ほどして、「しょうがないか」という風に、医者へ戻って、もう「一本」とった、などということがあった。

それも、自分が子供が欲しくてやっているならまだいいが、鶴保庸介と同じように、妻に半ば強制されてやっているのだから、たまらない。

さて、子供ができず、その原因が妻にあった時、どうするか。それは本人の決断である。現在の妻と、誰が生むか、どんな子供か分からない子供をとるか、という問題である。その代わり、自分に原因があったら、それは妻がどうしようとも勝手、としなければならない。

徳川家康は、「人生とは重き荷を負うて長き道を行くがごとし」と言ったと言われる。本当に言ったわけではないだろうが、いずれにせよ、これは間違いである。若くして死ぬ人だっているわけだから。むしろ、

「人生とは、あきらめの連続である」

としよう。

安倍晋三が総理大臣をやっていて、いいことの一つは、安倍には子供がいないので、子供のいない人が勇気づけられるということであろうか。

現在の日本では、かつて「一人っ子政策」をとっていた中華人民共和国で、一人っ子がわがままに育てられ「小皇帝」と呼ばれた時代を髣髴《ほうふつ》とさせる。

こちらのひがみもあろうが、最近は子供を自転車に乗せたママさんたちが、心なしか、

（あんたらの老後はうちの子供が支えるんだからね）

と言っているような気がする。いや、これは気がするであって、実際に少数の邪悪な人以外は、そんなことは思っていないであろう。だが、満員電車の中できゃあきゃあ騒いでいる子供に、

「静かにしろ！」

と言えば、窓際にいたひねくれた感じの青年が、

「子供に怒ったってしょうがないでしょ」

と言い、

「じゃあどうしろってんだ」

と言い返せば、

「ふん」

と鼻で笑って脇を向く、といったこともあり（二〇〇六年）、公民館で奇声をあげて走っている子供に、「静かにしろ！」とどなりつければ、通りすがりの、無能そうなサラリーマン風の男から、何だこの男は、という奇異な目で見られる今日である（二〇一三年）。絶対、世間は、

「子供は国の宝だ、今後の日本を支えるのだ。甘くしろ」

と思っている、と思う。

しかし、四十歳で、未婚の母となった俵万智さん（一九六二‐　）は、あっぱれであると思う。もっとも俵さんは収入が多いだろうからそういうこともできるのだが、それまでは優等生的なイメージがあって（とはいえ登場した初期はファ

ンで、「俵万智のボイスレター」などというカセットブックまで買っていた)、偏見をもって見ていたのだが、この件で見直した。またその経緯を小説にした『トリアングル』(中公文庫)も、私は私小説の佳作だと思っていて、世間が冷淡すぎるなあと思っている。

さはさりながら、子供をもつということを諦めるというのも、人生において重要な、諦めの一つである。

先に述べたとおり、私は、飛行機に乗れなくなって、当初は悲観した。当時はまだ、大物学者になるつもりでいたし、比較文学の大物学者というのは、飛行機に乗ってヨーロッパやアメリカへ行くものだったのである。それに、まだ行ったことのないロンドンやパリやニューヨークに行き、ドナウ川やノルウェーのフィヨルドを見たかった。

しかし、それから数年後、飛行機が禁煙になったから、かえって諦めがついた。あれで、海外へ行けなくなった学者も多い。

船で行けば、などと言う人もいるが、実は今は、ただ行くための船というのは出ていない。世界一周か、飛行機で現地へ飛んでのちのクルージングの船しかない。船で行けるのは北朝鮮か、さんふらわあ号で宮崎へ行くくらいだ。世界一周という手もあるが、四か月くらいかかるので、金持ちになって、その間働かなくていい状態にならないと行けまい。もっとも今では、世界一周の船でも、自室で喫煙できないそうだから、これも無理である。

しかし、結婚をあきらめるということはしなかったわけで、もしこれをあきらめるとなると、これはどうなのか。実際、私の周囲にも、女性学者で、結婚せず、もうしないだろうという人が多い。女性で仕事を持っている人は、昔からそういうことが多かったらしい。

男でも、徳川時代あたりには、生涯結婚できない者は少なくなかった。そのために、遊郭が栄えたりしたのである。近代になって、制度が整えられ、一夫一婦制が確立したのである。だが、それがまた崩れつつあるということだ。

生涯処女・童貞というのは、あきらめられるか。もっとも、一度はつきあってセックスした相手もいたが、それ以後なし、という、いわゆる「セカンドヴァージン」というのも、多そうである。男のほうは、買春というのがあるから、何とかなる。「素人童貞」などというくだらない言葉もあるが、そんなことはどうでもよろしい。私は、売春は合法化すべきだと思っている。そして、ノースキン、つまりコンドームなしなどという危険なサービスをなくしていくべきである。

ということを、『日本売春史』（新潮選書、二〇〇七）に書いたら、アマゾンレビューで、変な男がいちゃもんをつけていて、自分はノースキンである、決して性病をうつしたりはしない、と書いていて、頭がおかしいと思ったから放っておいた。うつされたらどうするのであろう。

だが、世間には奇妙な、コンドームを忌避する傾向をもつ人がいる。『野性の夜に』（一九九二）というフランス映画があって、恋人同士の、男のほうがエイズになり、コンドームをつけてやろうとするのだが、女のほうがコンドームを捨てるという場面がある。危ないのだが、それが感動的だということになっているらしい。もっとも、その後女はノイローゼになってしまうのであるが。

ほかにも、不倫するならコンドームはなしで、などと言う女性もいたし、ほとんどゆきずりとも言うべきセックスで、コンドームを忌避しようとする女がいた。後の方はいくらか頭がおかしいのだろうが、どうもそういう、たとえ危険でもコンドームをしない、という妙な美意識を持っている女がいるようだ。男の場合は、単なる欲望からだが、女は美意識、ないしは、妊娠して結婚に持ち込む、だろう。あるいは先の頭のおかしいのも、いくらかはそれだったかもしれない。ただそこで、性病について考えていないのは怖い。

低学歴などで頭の弱い人間のことをDQN《ドキュン》というのだが、DQNの、コンドームを使わないことや、性病を恐れないさまというのは恐ろしいものがある。これがまさに、教育によって愚民は啓蒙しえないという実例の一つである。

さて、作家の北方謙三（一九四七‐　）は、女にもてない、童貞だという悩みを相談してきた男に、「ソープへ行け」と言うことで知られるが、童貞にいきなりソープはつらい。北方も、そう言っていて実はソープへ行ったことがなかったので、その後試しに行ったらしいが、私は行ったことがない。やはり恐ろしいのである。緊張してできないということが、いかにもありそうだと思うのであるが、これは独身だった時代の話だ。

だから、童貞の場合は、まずヘルスからにして、十分慣れてからソープへ行ったほうがよろしい。

なお、夜になって、電車に乗り込んできたサラリーマン風の男が、石鹸の匂いをさせていたら、まあおしゃれな人ね、などと思ってはいけない。それはソープ帰りである。いや、別にいいのだが。

結婚までは処女・童貞でいるというのが美徳とされた時代があった。小児科医・評論家の松田道雄（一九〇八‐九八）は、『恋愛なんかやめておけ』（一九七〇、朝日文庫）という本で、結婚まではセックスをするなと説いたのだが、これは、まだ若者が二十代で結婚できた時代の話である。

ただし、高校生とか大学生でとか、そう焦る必要はない。私の目安では、三十過ぎて独身なら、何らかの形でセックスしてしまったほうがいいと思う。

さて、そこで問題なのは、もちろん、大学時代からソープに行きまくるといった男のことはおいておいて、やはり最初は、好きな女としたい、という繊細な男子をどうするかということである。私もまた、そのような若者であったから、そういう男子には深く同情する。もし仮に、どうしても、初めてが風俗店などというのは嫌だ、というのであれば、ないしは、ヘルスならいいがソープは嫌だ、というのであれば、それは仕方がない。

女の場合は、そういう逃げ道は基本的にはない。だが、好きな男との機会があったら、たとえ相手が体目当てでも、逃して処女を守るほどのことはない。

最近はあまり聞かなくなったが、「セフレ」つまりセックスフレンドという言葉もあった。恋愛ではないがセックスをしている相手という意味だが、徳川時代にそういう概念はない。そもそも、定期的にセックスしていたら、それは「情婦《いろ》・情夫《いろ》」であって、恋愛があるかないかということは、別に問題にしなかったのである。

「本当の愛」といった言葉ほど、若者を迷わせてきたものはないと思う。二〇一二年度後半に放送された朝の連続テレビ小説「純と愛」では、ヒロインの夏菜《なつな》が、盛んに、「本当に愛してるの?」などと、六十前後の両親相手にまで言うので、これはひどい恋愛結婚至上主義だと頭をかかえた。

「本当の愛」というのがあるとしたら、それはわけへだてのない博愛である。それ以外の「恋愛」とか「家族愛」とか「友人愛」というのは、わけへだてをした、エゴイスティックなものであって、愛ではなく、情欲とか執着といったものに過ぎない。これは、キリスト教徒である西洋人からして、意図的にか錯誤からか、取り違えをしたものである。たとえばそれを「献身」と言っても、それが、自分が選んだ人への献身であれば、既にわけへだてはあるのである。

さて、婚活にせよ恋人探しにせよ、いろいろ前もって言っておかなければならないことがある。まず学歴だが、高卒とかで、それがハンディキャップになっていると感じている人がいたら、通信制でもいいから、大学を出ることだ。経済的に苦しいということもあるだろうが、そもそも経済的に苦しかったら結婚だってできないはずである。こういうことを言うと、悪くとる人がいるが、つまらない劣等感から解放されるためにも、大学は出ておいたほうがいい。もちろん、藝術などの分野で、学歴など関係ない実績が作れるという人は別である。

それから、婚活を本格的に始める前に、自然に女性と知り合う場というのがある。英会話学校やお料理学校、スポーツジムなどである。日舞とか茶道とか、女性が多そうなところはいくらでもある。ただ、中年女性が多そうなところを避けるとしたら、英会話学校が一番いい。

それとは別に、女性にもてるには、英語はできたほうがいい。もちろんこれは、十分条件ではなく、英語ができたってもてない男はもてない。しかし、ないよりはあったほうがいい。あとは、法律や経済も、勉強したほうがいいし、映画をよく観たほうがいい。なるほど確かに世の中には、ろくにそういう頭なしでもてるイケメンもいるが、イケメンという武器のない男は、別方面でメリットを作るしかないのである。

私は男なので、女の側から結婚について書くのは限界がある。それで言っておくと、結婚において最終的に重視すべきなのは、人柄である。

「美人は三日で飽きる」という言葉があり、村上龍はこれを「ブスが自殺しないための嘘」だと言っているが、むしろ、美人と結婚できなかった男を慰めるための嘘だろう。だが、美人で性格が良ければいいが、美人で権高《けんだか》で性格が悪くて、自分の前に男たちはひざまずくべきだと思っている女などと結婚したら、不幸になるのは目に見えているだろう。

だが、人柄が良くても、頭が悪いのは困る。この場合の「頭が悪い」は、知識のことではないが、知識もある程度は必要で、新興宗教にはまったり、金遣いが荒かったり、宝くじを買ったり、借金癖があったりと、そういうのは、男女問わずよくない。断っておくが、宝くじというのは当たらないものである。期待値《きたいち》というものを計算すると、競馬でもやったほうがまだましだというくらい、当たらない。あれは国が、愚民をだまして売っているものだから、買うだけ金の無駄である。

人柄ということでいえば、黒田清子さんという方がいる。皇室出身の人で、今は国民の一員だが、あれは人柄のいい人である。インターネット上では、不美人だとか、結婚する黒田さんは犠牲になったのだとかひどいことが言われていたが、結婚したい賢明な男は、むしろこういう、不美人ゆえに残っている女性をこそ狙うべきである。

美人は、性格が悪い、とまでは言わないが、性格はたいていきつい。そう言うと、「美人意識を持っているさして美人でもない女は腹がたつ」と言う男がいるだろう。もちろんそうだが、それは腹がたつだけで、存外根はもろかったりするものだ。また、周囲から美人だと言われているのに、あまり美人意識は持っていないように見える人というのがいるが、あなどってはいけない。そういう人は、十分に美人意識を持っていて、それを隠しているだけなのである。だから、売れ残っている性格のいい不美人は、狙い目だと言っていいのである。美人は鑑賞するものであって、結婚するものではない。

だが、逆はない。人柄はいいがブオトコゆえに残っている男というのは、あまりいないのである。人柄が良くて頭もいい男というのは、少々顔がまずくても、まず学生時代に女にとっつかまって、二十五くらいで結婚してしまうのがふつうである。遅くとも二十代で、つかまる。したがって、三十過ぎた女が、掘り出し物を見つけようとしても、なかなかいない。昔であれば、夫人が出産などで亡くなったという男と結婚し、継子《ままこ》と自分の子をわけへだてなく育てるという、小説にでもありそうな話（赤川次郎の『ヴァージン・ロード』）は、一般的にはない。

ところで、歌舞伎俳優や関取の妻というのは、ひところは美人揃いだったが、最近はそうでもなくなっている。これらは、金や社会的地位のある例だが、妻はかなり献身的で、浮気も大目に見なければならない。それを、昔の美人は我慢したが、今はしなくなった結果だろう。昔でいえば、花柳界出身といった美人妻も多かったが、今ではほとんどないし、女が解放されていなかったから、美人でも、男性上位の価値観に耐えたけれど、戦後は女性も大学へ行くようになり、美人で大学卒の女が、そんな忍従を強いられるような相手と結婚しなくなったからであろう。まあ昔も、三代目市川猿之助は浜木綿子《ゆうこ》と離婚しているが……。全体として、裏方に徹する美人というのは、昔のようには多くない。

次に、婚活期間中にセックスすべきかどうか、である。私は、セックスをしないまま結婚するということには、やはり疑問を感ぜざるをえない。やはり、癖とか好みとか相性とかいうものがあるからである。ぜったいフェラチオはしてもらいたいと思っている男と、絶対それはしたくないと思っている女が結婚して、そのことが発覚したら、それはやはりまずいのではないか。浮気とか、夫のヘルス通いのもとに、なりかねない。

それに、カップルの相手としての本性は、セックスすることで明らかになることが多い。ただし、女が、条件のいい男をつかまえようと思って、結婚するまでは本性を隠すということがある。男の場合は、美女相手でも、おのずと本性は現れるものである。しかしもちろん、コンドームはちゃんとつけるべきである。

ところで、酒井順子（一九六六-　）の『負け犬の遠吠え』（二〇〇三、講談社文庫）は、三十歳過ぎても結婚できなかった女を扱ったエッセイだが、ここで言う「負け犬」は、もてない女のことではなくて、恋愛、セックス、時には不倫まで経験して、しかし結婚できなかった女のことである。これを私の『もてない男』（ちくま新書、一九九九）と比べると、おかしなことが分かる。男の場合、もしそういう男がいたら、それは単なる「プレイボーイ」が結婚せずにいるだけ、ととらえられるだろう。

水次祥子の本で最初に出てくる女も、結婚相手として狙った男と、ベッドをともにした後で、妻もちと知って怒るのだが、男であっても、結婚を狙っていて、実は夫持ち、と聞かされて、仮に失望するとしても、セックスできたらそれでラッキーと思うだろう。いや、仮にその関係を続けられるとしたら、まあ夫から訴えられる危険性はあるとはいえ、ある程度は「おいしい思い」になるのではないか。

そのへん、男女平等なのにどうなのかということはあるが、女は妊娠の危険性を持っているからとも言えるし、まともな地位のある男なら、妊娠させて逃げるというわけにもいかないし、避妊をすれば済むこととも言えるし、わりあい「フェミニスト」はあいまいにしている。その点、堂々とセックス・アンド・ラヴを楽しんでいる吉原真里はいい。

婚活に関しては、都市部に住む者と、地方に住む者とでは、おのずと条件がさまざまに違ってくる。首都圏、京阪神がもっとも有利で、政令指定都市あたりがそれに次ぎ、農村部がもっとも大変だろう。しかし婚活の場合、地方へと相手を連れてこなければならない以上、その土地で何とかするほかないだろう。

　さて、私は二〇〇二年に「離婚」した。かっこ入りなのは、入籍していなかったからである。なお最近、この「入籍」という言葉は旧民法のもので、戦後民法では間違いだという声もあるが、ほかに適切な言葉がなく、「正式結婚」というのも変だし、戸籍に二人で入ると考えたら、入籍でもいいのじゃないかと思う。

　それから二年ほどして、やはり新しい相手を見つけて結婚したいと思い、私の「放浪」が始まったのだ。当時は「婚活」という言葉はなかった。その経緯について、前に書いた文章が、まだ単行本に入っていなかったので、再録しておく。

出会い系放浪記

（二〇〇八年）

以前、結婚相談所へ行ったことを手記にしたが、それ以前に、私はネット上の「出会い系」と呼ばれるサイトや、「ネットお見合い」とも言うべきサイトに登録して、何人かの女性と出会っていた。結果的には、そこでは結婚相手は見つからず、ただしやはりネット上でブログを見たことから知り合った女性と結婚したのだが、かねて私は、非婚化・晩婚化が進んでいる現代日本では、自ら選んでそうなっているのではなく、結婚相手が見つからない男女も多いのだから、ネットお見合いを公営化して、より廉価《れんか》で、かつ身元の確実な相手とデートできるようにすべきだと考えてきた。それで、そういう書物の企画も考えていたのだが、結局自分ではうまく行かなかったのと、一冊にするほどの内容がないのではないかと思って、断念した。

その際、米国で「オンライン・デーティング」と呼ばれている「ネットお見合い」の様子を知るために、英文の書物も少し集めたり、覗《のぞ》いてみたりもしたし、私が登録していたサイトの一つ「match.com」は元来国際的なネットお見合いサイトだった。さて、今般、中公新書から、現在ハワイ大学教授でアメリカ文化を専攻する吉原真里が、『ドット・コム・ラヴァーズ』を刊行した。吉原は一九六八年、ニューヨーク生まれの日本育ち、東大を出て米国で博士号を取得した人で、二〇〇三年の夏に、サバティカル（研究休暇）でニューヨークに行った時に、match.com に登録し、何人かの男とデートをし、うち三人ほどとつきあった自身の経験を「赤裸々」に描いている。

「赤裸々」と括弧をつけたのは、日本は依然として性的に保守的なところがあり、女性の大学教員が、自身が「出会い系」などと呼ばれるサイトで男とデートし、あまつさえセックスしたなどということを書くことはまずないからで、しかし米国ではその程度のことは、特に珍しくはないだろうからで、私自身、『出会い系公営化論』の構想を、日本の女性学者に話して、眉を顰《ひそ》められたこともあり、「ネットお見合い」も「出会い系」も混同されて、「セックスの相手を探す不良的行動」だと思われているのが日本の現状だからである。

確かに、変名で登録して、結果的にはセックスの相手を探すのが目的、というようなサイトもあって、これがいわゆる「出会い系」で、しかしこれは、実際に相手に会えるサイトより、サクラに翻弄されるサイトのほうが多いくらいで、政府は五月に、出会い系の規制をすると言っていたが、実現はしていないようだ。もっとも警察などは、少女売春などを取り締まるのが主目的らしい。

「ネットお見合い」の方は、それとは違って、基本的には結婚相手を探すためのサイトであり、match.com のほか、私は、月三百円程度で登録でき、むしろ「出会い系」に近かったヤフー・パーソナルズのほか、エキサイト恋愛結婚とか、ブライダルネット、お見合いネット、無料のあっちゃん・コムなどに登録していた。エキサイトとブライダルは、月に三千円程度の登録料金がかかり、身分証明書の送付を必要とするので、相手も真剣であることが保証されていたが、やはり高額だから、好みの相手が払底《ふってい》すると乗り換えたりしていたが、むろん、現在会っている人がいる時には停止していた。ヤフー・パーソナルズも、現在は同じようなヤフー・パートナーズに変わっている。

これを通じて、私は総計十人くらいの女性と会ったが、一度会っただけで終わりになった人もいれば、何度か会った人も、結婚してもいいかと考えた人もいた。吉原の場合も、数人と会って、中にはセックスもし、同棲に至った男もおり、しかし結婚相手を見つけたわけではないのだから、日本では、大学教授（当時は准教授）

が何とふしだらな、などと考える人もいるだろう。しかし、三十－四十代の大人の男女が、そのような相手を探して何が悪いのか。それは現在の五十歳以下の人間なら、若いうちに結婚した人以外は、普通にしていることで、単にその窓口がネットだというだけで、偏見の目で見られるのはおかしい。

そこで、まあ私のような人間が、何を今さらであるが、吉原に勇気づけられたのと、吉原を援護するためもあって、少しく私自身のネットお見合い体験について語ってみたいと思ったのである。山田昌弘・白河桃子の『「婚活」時代』（ディスカヴァー携書）が言うように、現代においては、「結婚活動」が必要な時代であり、ネットお見合いはそのための有力な選択肢だと思うし、仮に結婚に至らなくても、セックスの相手を持っていることは、精神の安定にも寄与すると考えるからである。

ただ、吉原の著書では、会った男の名は仮名になっており、彼らは米国人なので日本語の書物は読めないだろうが、私の場合、仮名にしても、当人に分かってしまうという恐れはある。しかし、何より強調しておきたいのは、私が会った女性の半数くらいは、まじめに結婚相手を探している人たちで、好感が持てたということで、ネットで恋愛や結婚相手を探すなどというのは恥ずかしいとか、そんなことをするのはおかしな連中に違いないという偏見は捨ててほしいということである。

さて、吉原は、ちょうど三十四か五の頃にオンライン・デーティングを始めたわけだが、私が会った女性たち、あるいはネット上でプロフィールを見ただけの女性たちも、だいたい三十代半ばが多かった。私はといえば、三十五くらいまでは、見込みのない片想いに苦しんだり、ようやくすばらしい女性とつきあえたと思ったら振られたりという人生で、三十六で結婚したが、遠距離結婚ということなどもあって二〇〇二年夏に解消した。しかし、やはりもう一度結婚したい、あるいは恋人が欲しいと思うようになったのは、二〇〇四年の秋ごろのことだったろう。

私が結婚相手に求める条件は、何よりもまず、知的であることだった。これは、子供の頃からの傾向で、美人でも成績の悪い女の子は好きにならず、優等生の女の子のほうが好きだった。だから、片想いの相手も、つきあった女性も、結婚した相手も、みな研究者だった。吉原の著書を読んで、アメリカはいいなあ、と思ったのは、大学の准教授をしているような女性も普通にネットお見合いに登録していると いうことで、最後の最後まで、ネットお見合いで出会った相手と結婚することにならなかったのは、主として、日本では、高学歴女性がネットお見合いに登録していることが極めて稀だという事情による。

さて、とはいえ私とて、いきなり出会い系に走ったわけではなく、当時会うこともあった大学院生の女性などに、少し当たってみたのだが、二〇〇五年の春、その一人に手ひどい振られ方をして、自棄《やけ》ぎみで出会い系登録をしたのである。大学時代の友人が、前々から、出会い系で恋人を見つけていると言っていたので、彼に習うような気持ちで始めたのである。ところが、当時はまだ、出会い系がどんな状態になっているか知らなかったため、「入会無料」などと謳《うた》っているが実は嘘で、サクラがたくさん出てくるサイトに翻弄されたことは、『帰ってきたもてない男』（ちくま新書）に書いた。

ようやく、本物の女性と話ができ、会うことになったのは、その九月のことだった。これはヤフー・パーソナルズで、このサイトは写真が載せられたが、その女性は写真がなかった。一般にこの手のサイトで写真が載せられるものだと、美人にはメールが殺到する。さて、その女性は、三十二歳と称し、元アナウンサーで、大学院受験を目指して勉強中、とあり、顔は竹下景子似、とあった。メールではさして中味のある会話にはならなかったが、東大医学部にいる、という。割に早く、では会いましょうということになった。大学院受験を目指しているということは、研究生なのかなと思ったが、それ以上の情報は得られなかったし、メールの段階であれこれ訊くほど私も傲慢ではないし、それまでさんざんサクラに苦しめられてきたから、とにかく、ダメで元々、どういう女性が来るのか見てみたいというのもあって、了解した。

私の場合、メール段階では自分のことは正直に言ったが、ヤフー・パーソナルズのような低額で保証のないサイトでは、すべての質問に答える女というのはあまりいない。だから、顔がさすがに気になったので、

「竹下景子似ですね」

と訊きなおすと、

「最近は大場久美子とも言われます」

と返事があって、私は一般的に、人間は押して訊かれると、よほど図々しい人でもない限り嘘はつけないと考えているので、それほどひどくはないだろうと判断した。待ち合わせ場所は、本郷の医学部図書館という、私は行ったことのない場所になった。

当日は雨模様で、私は期待よりも不安が先立つ感じで、その場に出向いた。よく出会い系では、待っているところを遠くから見て、顔がまずいとそのまま帰る、などと言われているが、私にはそんなひどいことはできないし、むしろ時間よりだいぶ早く着いてしまい、むしろそれからが、どういう女性が来るのかと不安で、その

あたりをうろうろうろつき回った。指定時間を十分も過ぎた頃、

「小谷野さんですか」

と言って近づいてきた女性を見て、私は驚いた。美人である。ただし竹下景子や大場久美子というより、稲森いずみによく似た美人であった。だが……三十二歳には見えなかった。

とりあえず、喫茶店で話をしましょうということで、毎度のことながら、喫茶店ルオーへ行った。私のほうは別に隠すこともないので、おずおずと、少しずつ、本当のことを聞きだしていく。

「三十二歳ですよね」

と言ってみると、

「いいえ、あれは嘘です」

と言い、「六〇年代生まれです」と言った。

六〇年代生まれといえば、四十五歳から三十六歳ということになる。私は、三十八歳くらいかなと見当をつけた。まあ、それなら、美人だしいいだろう。それから少しずつ話し始めたところでは、地方の某女子大を出て、マイナーなテレビ局のアナウンサーをしていて、政治家秘書をして、今は大学で秘書をしているらし

く、心理学の大学院を受けようと思っているとのことだったが、ほかにも、シナリオを書きたいとか、どうも言うことがとりとめない。名刺も貰ったし、住所も分かったのだが、特に知的という感じもせず、かといって明らかにおかしい感じもなかった。(というのは、その後会った女の中には、精神を病んでいる人もいたからである)

その日はルオーで、早い夕飯のカレーライスを食べて別れた。考えたのだが、やはり美人だし、もう一度会うことにした。仮にレイコさんとしておこう。ところがレイコさんは仕事がむやみと忙しいらしく、なかなか会えず、次に会ったのは一月ほどあと、市ヶ谷のパスタ店だった。私は自分の著書を上げて、そこで食べてから神楽坂の喫茶店へ移り、十一時ころまで話した。レイコさんは、自分が独身でいる理由について、若い頃つきあっていた人が理想の男で、それが忘れられないからだと言った。なるほど筋は通っている。しかし、私と結婚する気ではなさそうだと思われる発言があって、あれ、そうなのかと思ったが、美人だし明るいし、相変わらず正確な年齢は不詳なのだが、三度目に会った時、

「本格的につきあってください」

と言ってみた。すると、悩み始めた。悩むほどなのに、三回も会いに出てくるというのがやや妙な気がしたが、喫茶店に場所を移して話していると、年齢について、私がいくつでも驚きませんか、などと言う。そして、

「竹下景子さんっていくつですか」

と訊くから、

「五十二歳かな」

と言うと、

「実はわたし、五十二歳なんです」

と言った。その時私は、お尻のあたりから背中へ向かって、寒気が走った。だが彼女は、「て言ったらどうします?」と言った。

だが、そう言われてよくよく見ると、もう四十過ぎではないかと思われたし、下手をすると私より年上なのではないかという気がしたが、そのことは不問に付して、その日は別れた。すぐに携帯にメールが来て、

「今日は思いがけない話で驚きましたが、私もまじめに考えてみます」

とあった。(なお現在の私は携帯を持たないのだが、「婚活」時代にはさすがに持っていたのである)

「出会い系」で会って三回目にそう言われるのがそれほど意外なのか、と思い、二日ほどたっても返事がなかった時には、ああ、終ったなと思ったのだが、その夜メールが来て、

「あれからずっと考えたのですが、結論が出ません。でもこんなことで先生との縁が切れてしまうのはとても残念です」

とあって、さらに首をひねった。ケチ臭いことを言うようだが、デート代は私が払っているのだ。つきあうのは嫌、でも会い続けたいというのは、どういうことか。私は折り返し、

「ではこれから会っているうちにつきあうことになる可能性はあるのですか」

とメールを打った。すると、

「うーん。それも、何とも言えません」

という返事が来て、これには驚いた。なら一体、何のために会っているのだろう。

私もさすがに困って、もう会うのはやめにしようと思ったのだが、翌年一月に、つい歌舞伎座に誘ってしまった。ところでレイコさんは、それまで著書を二冊上げたのだが、全然読んでいる気配がないのだ。歌舞伎座がはねた後は、吉原のソープランド街を見せに連れて行き（これは時々女性を連れて行くのだが、女性連れだと

客引きに声を掛けられずに済むのと、知らない女性がほとんどだからである）、浅草の喫茶店に入った。相変わらず話は弾むのだが、これからどうなるのかが全然分からない。

「私は寅歳です」

と言えば、打てば響くとばかりに、

「今年は酉《とり》歳ですね」

と言うという具合で、決して年齢を明かさない。とうとう私も匙を投げ、以後は会うのをやめた。

もしかすると、実際に五十前後だったのかもしれないし、多分若い頃はすごくもてたのだろうから、私が、「好きです。あなたが何歳でもいい」などと夢中になるのを待っていたのかもしれないし、あるいは単に面白いと思って会っていただけかもしれない。

（後記・石神著によると、こういう風にして、高額な物を買わせる女がいるようだが、レイコさんの場合はただ食事だけで、そういうことはなかった。いま考えると、年齢もさることながら、私は少し有名人なので、ミーハー気分で会いたがっていただけなのかもしれない）

同じ頃、「あっちゃん・コム」で、鬱病で困っている、という女性がいたので、メールをしてみたのは、そういう人なら返事をくれるだろうと思ったからで、果してメールのやりとりが始まり、会ったが、これは地方国立大卒で、特に何もなかったが、人柄のいい人だったので、しばらくメールのやりとりなどが続いた。

ところで、ネットお見合いでは、圧倒的に女性優位で、実際に会ってからはともかく、メールの返信率は女性のほうが遥かに高い。もっともそれも、写真つきのサイトで、あまり美人とはいえない写真の女性だと、そうも行かないのだが……。ただ、私の場合、幸か不幸か、最初に会った人が美人だったが、メールのやりとりをしつつも、写真を見ることなくいきなり会うと、悲惨なことが起きる。

私の側では、本名を明らかにすれば相手はすぐ写真は見つけられるはずだが、こちらが見ないまま出向くと、さすがにこれはもう一度会う気にならないという容姿であることがあって、私にもそういうことがあった。しかも、そういう相手と喫茶店で会っていて、ああこれはいかんなー早く帰りたいなー、と思っていた時に、脇へ来てにこにこしているおじさんがいて、見たら呉智英さんだった。

私は、呉さんに、違いますよ、この女は……などと言い訳したかったのだが、そうもいかず、呉さんは去って行った。

こう書くと怒る女性がいるだろうが、女だって、相手の顔も知らずに会ったら、そういうことはあるだろうし、許してほしい。こういうサイトでは、始めはサイトを通してのメールしかできないが、途中から「直メ」つまり個人のメールアドレスでやりとりするように切り替えることができる。そこで添付で写真を送るのがよい。さもないと、いざ会って、あ、これは、と思いつつ、仕方ないから一時間ほど、早く帰りたいなと思いながら話をして、「じゃあ、また」とも言えずに別れるということになって、相手にも気の毒だ。

それじゃあブスはネットお見合いをしても無駄ということか、と言われるかもしれないが、世の中には、容姿より中味という男もいるかもしれず、私も、容姿と知性を重視するから、場合によってはうまく行くかもしれないが、仮に写真を送って、返事が来なくなっても、実際に会って男が逃げ腰になったり、遠くから見てそのまま帰られたりするよりはいいと思う。

情けないことだが、出会い系をやっていてもめったに返事は来ず、会えてもかくのごとしという状態の中で、私の中に邪な心が生まれた。つまりは、とりあえずセックスしたい、という欲望である。出会い系を指南してくれた友人が、

「出会い系では、会ったその日のうちにセックスしなければ、以後はない」

と言ったのも、私を刺激した。

いくらメールを出しても返事のなかった「match.com」だが、その四月頃、珍しく返事が来て、写真を見ても、そう悪くないと思ったので会うことにした。これはヤスコさんとしようか。これは都内某女子大卒で、さほど知的ではなかったが、ちょっと遊び人風の、勤め人だった。上野で待ち合わせをして、最初は騒がしい酒場へ連れて行かれ、それから食事に行ったのだが、彼女は結婚相手を探しているというより、遊び相手を探している感じで、その前に会った男とはその日にセックスをし、三回会って、以来連絡が途絶えた、といった話をした。淡々と話してはいたが、それなりに「失恋」感があって、その男が東大卒だったので、次に私に返事を出してみたといったところか。もっともその男は彼女の好みで、私はそうではなかったのだろう。私とも、今日、してみませんか、と言ったのだが、渋られて、果たせなかった。

それからほどなく、ヤフー・パーソナルズで返事をくれた子がいた。歳は三十を超していたが、「子」という感じがあった。仮にヒトミとしよう。これも写真なしで、近くに住んでいたから、さして期待せずに会うことにしたのだが、直前に、

「あたしがかわいいからって惚れちゃダメよ」

などと言ってきたから、あれ、と思ったら、なるほど確かに、割にかわいい子だった。ところが、彼女は某地方の女子大を出て、恋人が上京したので追ってきたが、彼が仕事で忙しく、相手をしてくれないから遊びで登録しているとのことで、でも相変わらず彼が好きだと言い、私も困ったが、面白い子だったので、それから二度ほど一緒に遊びに行ったが、それきりになった。

もうネットお見合いはムダかなと思い、高田馬場の結婚相談所へ行ったのがその頃のことで、その場で契約するよう半ば強要され、軟禁されかかったので、隙を見て逃げてきた。そのことを、私は『新潮45』に書いた。

その夏のはじめ頃、驚いたことに、「match.com」で、女からメールが来た。しかも写真を見ると美人で、かつ二十八歳なので、どういうことかと思ったら、『新潮45』の記事を見て、私がいるのを見つけ出してメールしてきたということだった。仮にチヒロさんとしよう。彼女は、『帰ってきたもてない男』で私が出身大学として挙げたうちの一つである東京藝大を出てヨーロッパに留学していた演奏家で、はじめ湯島で会った（といってもラブホテルへ行ったわけではない）。もっとも、写真写りのいい子で、実物はやや写真より劣ったのと、あまり知的な感じではなかったが、耐えがたいほどではなかった。

「藝大で頭がいいのは、作曲科の子だけ」などと言っていた。彼女は実家住まいで、楽器を教えたり、伴奏をしたりして暮らしていた。

この頃私は、自分は本当に生涯結婚できないのではないか、恋人すらできないのではないかという恐怖心に捕えられつつあって、少々の難点には目をつぶって結婚してしまおうなどとぼんやり考えていた。それで、次は池袋の、チヒロさんがよく行く呑み屋へ行こうとメールで話していて、ラブホテルへ行こうというようなことを言ったら怒り出したので、慌てて電話をして宥《なだ》め、じゃあ食事だけ、ということになり、その日までにメールのやりとりをしているうちに盛り上がって、結局、その後ラブホテルへ行くことになった。

友人の言う、出会い系では初めて会った日にセックスしなければそれ以後はない、という言葉は、私の場合は当たらなかったわけだが、出会ってから間のない相手とのセックスというのは、背徳的な気分が却ってエロティックな気分にさせるもので、楽しかったのは確かだ。とはいえ、セックスの相性が良くても、知的レベルの違いはどうしようもなく、ほどなく円満に別れ、彼女はすぐに別の相手を見つけて結婚したのが、九月のことだった。

相変わらずネットでこれと思った女性にはメールを送っていたが、一人、会ってもいないうちから心惹かれた女性がいた。これは「あっちゃん・コム」だったのだが、読書家の女性らしく、私が名乗ると知っていて、私の知らないフランスの作家の小説の話などするので、ぜひ会いたいと思ったのだが、気が進まなかったのだろう、途中で返事が来なくなった。

十一月になって、エキサイトだったかブライダルネットだったかで、会うことになった女性があった。トモミさんとしよう。写真を見ても、やや美人という感じで三十四くらいだった。ところが、会うことにしてメールをしているうちに、あれは二年前の写真で、今はだいぶ太ってしまっています、というのはともかく、同居人が乱暴な人なので困っているなどと言うので、それはまさか男じゃないでしょうね、と言ったら返事が来なかった。

少し慌てた私は、まさかそんなはずないですよね、ごめんなさい、と追ってメールしたのだが、神楽坂で実際会ってみたら、確かに別人とも見まごう太りかたの上、同居しているのはやはり男で、二人とも実家は地方で、飛び出して同棲し始めたが実家からの仕送りで三十四の今日まで暮らしており、彼女はイラストレイターを目指しているのだが未だ絵が売れたことはなく、彼は京大卒なのだが仕事がなく鬱病になり引きこもりで、彼女も鬱病になって薬のために太ってしまったという、すごい話で、私も唖然としたが、彼とは別れるつもりで、でも彼が嫌がっているからいきなりは出て行けないので、別の場所にアパートを借りて少しずつ移るつもりでいる、と言う。彼女は、私も名前を知っている、既に亡くなった歴史学者の娘だった。

その日はそのまま別れて帰宅したが、怒りというより、年長者の教育的精神に駆られてメールを出し、そんなことなら男とはっきり別れてから登録すべきで、本来ならサイトの事務局へ通報してもいいくらいです、と叱責した。

本人も、

「私は本当にバカです、すみません、ちゃんと別れます」

と言って、私は、次に会うのはちゃんと別れてからです、と返事した。チヒロさん以後、私はネットお見合いで、しんそこ結婚したいと思う女性と出会う期待を捨てつつあり、半ばはその期待をしつつ、単なる異性探しに使っていた気配が濃かった。トモミさんは、それから、絵の道具を新しいアパートへ移したが、彼は黙って泣いていたという。

それで私も、寂しかったのだろう、もう一度上野で会ったが、夜遅くまで喫茶店にいた揚句、寂れたホテルへ泊まり、明けがたになって肌を合わせたが、コンドームの持ち合わせがなかったから、セックスはしなかった。あまりいい気分とは言えなかったが、その後も会うつもりではいた。ところが、メールでの会話が、あまりに知的レベルが低いので、嫌になってやめてしまった。学者の娘だというので、私の側に幻想があったようだ。

二〇〇六年一月に、これまたエキサイトかブライダルネットで返事が来たのが、モトコさんである。これは写真がなく、返事が来てから送ってくれたのだが、三十四歳、そう美人というわけではなかった。ただ私のことを知っており、川端康成が好きだと言い、読書家で知的レベルも高そうだったので、神楽坂で会った。私がよく神楽坂を使うのは、井の頭線沿線に住んでいたので、明大前から行くと近いのと、渋谷や新宿の雑沓が嫌いだからである。

そういえば、チヒロさん、トモミさん、モトコさん、みな嫌煙家でなかったのは当然ながら、喫煙者だった。もうその頃は、喫煙者だというだけで、男は結婚相手としては敬遠されつつあって、何も女が嫌煙家でなければ構わないのだが、結果的に喫煙者とばかりつきあうことになっていたのである。

モトコさんとは、その後渋谷で食事をしたが、彼女は関東地方の出身で公立大の出身、長く法律事務所に勤めていた。実は出会い系で会った女性で、いちばん真剣に、結婚しようかどうしようか悩んだのが、モトコさんだった。何より、人柄が大人だった。話を聞くと、数年つきあっていた男から、昨年、結婚する気はないと言われて別れたそうで、ほかにも年齢相応の恋愛体験があった。

三度目は、モトコさんのアパートを夕方から訪ねることになった。ところが最寄の駅で待っていたモトコさんを見て、それまでは念入りに化粧していたことが分かった。それは、商店街の脇を入ったところの、民家の一部のようで、ちょっと寂しい部屋だった。玄関先に小さな台所、風呂がつき、奥が割りと広い和室で、私の本が何冊も置いてあり、ほかに日本近代の古典的文学作品の文庫版がいくつかあった。

また彼女は趣味で書道とフラダンスをやっていた。もろもろ話をして、手作りの夕飯を食べたが、三度目だし、部屋まで来たんだからいいんだよな、と私が思ったのは、世間並みの男であって、夜十時頃になって、泊まっていくと言った時に、彼女が、

「ええーっ、布団が」

などと言い出したのは、ありゃ、そのつもりじゃなかったのか、と思ったが、結

局布団は一組しかないに等しく、そこへ二人で寝て、頃合いを見て私が上に乗ったら、

「いきなりですね」

と言われた。

モトコさんは、名器の持ち主だった。私が寝た中で最高のものだったと言っていいだろう。しかも、薄暗い中で見ると、彼女は木村佳乃に似て見えた。濡れ方も激しく、具合が良かった。チヒロさんの場合は、三回セックスしただけで終ったが、モトコさんとのつきあいは、もっと長く続き、十回のセックスをした。

時には彼女の部屋に、また私の部屋に泊まり、三月には一緒に京都へ旅行にも行った。しかし、有楽町で彼女のフラメンコの発表会があった時に、あまり気が進まなかったのだが、出かけて、しかし僅かに遅れたために見られなかったのはともかく、その後彼女の高校時代の友達二人と喫茶店で話した時に、まったくのただの庶民であるその二人との会話が、もちろん私の知らない話だったせいもあるが、生きている世界が違うな、と感じさせられるものだった。その頃私は、裁判を考えており、しかし弁護士が見つからず本人訴訟で臨んだが、それもモトコさんの助言があって可能になったことだった。

モトコさんと結婚すれば、出身地が近いし、学者などと結婚することを喜ばない母も喜ぶだろうと思ったが、いざ朝になって別れて自宅へ帰ると、迷いが生じて、どうしても結婚する決心がつかなかった。読書家であっても、やはりその知性は、かつて私が理想とした東大院生の女性たちとは違っていた。彼女が、日本女子大に受かったが行かなかったと聞いて、なんでそんなことを、と私は言った。正しいかどうか分からないが、日本女子大へ行っていれば、もう少し垢抜けた趣味の女性になっていたかもしれない。

結局、これはいかんと思ったのは、初めてラブホテルへ入った日に、モトコさんが、自分は早く結婚したいし、いつまでも時間をつぶしているわけには行かないのよ、と言った時のことで、私は、それなら…と言い、困惑したモトコさんは、隠すこともなく、

「ああ、言わなきゃ良かったなあ」

と取り乱した。次に会う時、モトコさんの誕生日が近かったので、私は、かねて一度訪れたいと思っていた高級うなぎ料理店へ彼女を招いて、四万円するエルメスのスカーフを贈ったが、遠まわしに、あなたと結婚する決心がつかない、と伝えた。それが四月一日のことだった。

なのに、どうしたわけか、二十二日に、また会うことになった。私の方に、未練があったのだろうが、それは半ば、彼女のセックスへの未練だったかもしれない。浅草で会って、呑み屋を兼ねたような食堂で食事をしたが、彼女は顔色が冴えず、知人に相談したら、それはもう終わりでしょうと言われた、と言った。それから上野へ出て、駅の乗り換え場所で、彼女は、結婚する気のない人と、これ以上つきあっても仕方がないと言った。私は、じゃあ、これで最後ということになるのかな、と思いつつ、ある「惜しさ」を感じた。そして多分、モトコさんの方もそうだったのだろう、いつしか、鶯谷のラブホテルへ行くことになっていた。

その部屋は、ラブホテルとしても随分狭く、ベッドの脇にはテレビとソファ、向こうに風呂があるだけの細長い部屋だった。テレビにはカラオケがついていて、私たちは、まだ行ったことがなかったカラオケをそれから始めたが、それが終ると、モトコさんは私に、

「気配り、ゼロですよね」

などと、それまで抑えていたらしい不満を並べ始めた。結局私は「もてあそんで捨てた」ということになるのかなあ、しかし男女平等なんだから、そうではないことになるが、まあ、いろいろ言われても仕方がないな、と私は思った。そこはラブ

ホテルだが、このまま、おとなしく一晩泊まってお別れなんだろうな、と考えた。

ところがそのうち深夜になると、彼女は、風呂へ入ると言い、

「一緒に来ない?」

と言った。私は、いくらかしゅんとなっていたので、いやいい、と答えたが、湯が満ちて、いったん中へ入った彼女は、もう一度戻ってきて、

「ねえ、一緒に入らない?」

と再度誘ったので、ああ、と私も脱いで入った。出てくると、意外にも、モトコさんはほどなく、私に顔を近づけて、キスをし、自然に服を脱いでベッドに行き、セックスになった。フェラチオのあと、シックスティナインになったが、私が指を入れてくじると、愛液が溢れてきて、ベッドに滴った。とにかく、彼女のセックスは最高だった。挿入して、私が、

「好きだよ」

と、今さら白々しく言うと、

「セックスが好きなんでしょう」

と、息を弾ませながら、モトコさんは言った。

翌朝別れて、モトコさんとはもう会うことはなかったが、その後ほどなく、新し

い相手を見つけて結婚したようである。きっと彼女と結婚した男は幸せになれるだろうと、私は思った。

（『新潮45』二〇〇八年九月）

本当は、ネットお見合いでもけっこういい女の人がいるということが言いたいのだが、もしかしたら単にうすぎたない話だと思う人がいるかもしれない。だが、ネットお見合いにせよ恋愛にせよ、裏側というのはこういうものである。

『セックス・アンド・ザ・シティ』（略称「ＳＡＴＣ」）という、米国の人気連続ドラマがあって、四人の三十代独身女が、毎回いい男を求めてあれこれするのだが、題名どおり割と平気でセックスしてしまうし、中心となるサラ・ジェシカ・パーカーをはじめとして、あまり女優が美しくないので、男受けは悪いと思う。

しかし、結婚相手を探そうとしている男は、これは観たほうがいいし、ほかにも、三十代くらいの女性向け雑誌をときどき覗くといいだろう。童貞は女に激しい幻想を抱いていると言われるが、結婚していない男も、しばしば軽い幻想を抱いている。これらを見ると、いくらかその幻想も薄れるだろうし、婚活というものにおける、裏面を知ることもできるのではないか。何しろ、幻想はいかんのである。

ところで、男と女が一つ部屋で一夜を明かしたら、男の側から言って、セックスしてもいいという合図とみていいのか、という議論があった。女の側から、決してそうではない、という批判が出たりしていたのだが、そう思う女は、そんな行動をしなければいいだけのことで、仮に酒を呑んでいて終電を逃したとかいうなら、そもそも逃す前に帰るか、タクシーで帰るかすればいいのであって、自ら誤解を招くような行為をしておいて文句を言うのは間違いである。そもそもそういうことがらについて、前もって全体的合意をとりつけておこうとするのが間違いである。

あるいは、今ではセックスの際にフェラチオをするのがふつうのようになっているが、それは嫌だ、という女もいる。だが、嫌なら嫌だと相手の男に言えばいいだけのことで、それを世間のせいにするのは間違いである。だが、こういうことがあるから、結婚前にセックスはある程度しておくべきなのである。その結果、（フェラチオしない女は嫌だな）と男が思って振られたとしても、男はそうは言わないだろうし、それだけが原因で振るということもないだろう。いや、あるかな……。

ずいぶんあけすけな、嫌なことを書いていると、特に女性は思うかもしれないが、それは世間の「婚活」本が、きれいごとばかり書いているからである。現実の結婚というのは、なかなか生々しいものである。若いうちの恋愛結婚であればそれも避けられるが、「身分違い」とか、「悪い病気の遺伝はないか」とか、そういうことが昔の見合いでよく言われた、それを今では当人たちがやらなければならないのである。

そんなにまでして結婚する必要があるのか、といえば、それは必要はないけれど、やはりした方がいいのである。結婚否定論にたつフェミニストというのは、自分では同棲している男や女がいたり、友達や味方が多かったり、社会的地位があったりするものである。多くの結婚しない女は、親が長生きしている。しかし、いつかは先に逝くのが自然である。あれこれと体にガタが来始めた時は、浮気しまくっていた男も妻に頼るようになる。永井荷風の孤独死にあこがれる人もいるが、あれは単に、妻に悩まされている男があこがれているのであって、荷風は前日まで夕飯をとりに外出していて突然死んだからいいのである。

何か病気になって長引いたりすると、配偶者がいないというのは大変でもある。もっとも、病気になると逃げて行く配偶者もいるかもしれないが、だから、性格本位で選ぶべきなのである。

政治体制において、民主主義というのは、愚民政治におちいりやすい。最低でどうしようもない政治制度だ。今のところもっともましな制度だと言ったのは英国のチャーチル（一八七四 - 一九六五）である。つまり、結婚というのは民主主義のようなものである。

「結婚しなさい、君は後悔するだろう、結婚せずにいなさい、やはり君は後悔するだろう」というのは、デンマークの哲学者ゼーレン・キェルケゴール（一八一三 - 五五）のものだとされる。キェルケゴールは、レギーネという婚約者がいながら婚約を破棄し、四十二歳で未婚のまま死んでしまったから、空想の産物ではあるが、やはり名言至言である。

だが、「踊る阿呆に観る阿呆、同じ阿呆なら踊らにゃ損」という、日本の名言に照らし合わせるなら、結婚する阿呆にしない阿呆、同じ阿呆なら結婚せにゃ損、ということになるだろう。もちろん、恐ろしい女と結婚するというのは論外で、そうならないよう努めるという条件つきではあるが。

あとがき

家制度というものは、民法が制定される前からあったものだ。だとすれば、戦後、民法から消えたとしても、残っているのは当然のことである。そして実はひそかに、あるいははっきりと、家制度は個人主義とあつれきを起こしている。

一人娘なので家名を継がせたい、よって結婚に際しては男に姓を変えてほしい、というなら、男の側でも、長男に姓を変えさせるわけにはいかないという風に対抗できる。たまさか、関係なしに変えた男がいたからといって、それが家制度の残存である限り、何ら根本的な解決にはなっていないのだ。

夫婦別姓などと、リベラルぶって言われてはいるが、中には確実に、この仮名存続を狙っている一派がいる。一番重要なのは子供の姓である。だが、そういうことがこの十年ほど、きちんと論じられたことがなく、私は危機感を抱いている。もっとも、夫婦別姓法案が通るという危機感ではない。ものごとを正面から論じようとしない知的頽廃への危機感である。

晩婚化や少子化についても、私は世間の議論が、正々堂々と行われているとは思えない。女性の社会進出が進めば、おのずと晩婚化や少子化は進むのであり、むりやりにでもカップルを作ってしまう西洋、特にフランスなどと比較して政治制度をいじくっても大した解決にはならないのだ。日本の企業に、三年間の産休を与えるよう義務づけるということが出来るか。

「ムコシュウト問題」は、あくまでとっかかりに過ぎない。また、日本の家族の今後についても、私はさして憂えてはいないのである。少子化・高齢化は進み、晩婚化も容易には解決できないだろう。単に、女性の社会進出について、よく意味の分からない質問を受けたりすることに耐えればいいだけのことだ。なに、女性の社会進出などと言っている人は、高レベル大学卒の女のことしか考えていないのが普通である。

もし少子・高齢化について私の言っていることが理解できないという人は、

赤川学の『子どもが減って何が悪いか！』（ちくま新書）をぜひ読んでもらいたい。本当のことはここに書いてあって、政府や、新聞御用達えせ知識人が言っていることは、たいていいんちきかごまかしである。
もし赤川の言うこと――女性の社会進出が進んだら、おのずと少子化は避けられない――に納得がいかないという人は、それはまたちゃんと反論の文章を書いてもらいたい。ただし実名で、せいぜい生まれ年と出身大学（大学を出ていない場合は高卒でも中卒でもいい）も記して。それは最低限の礼儀というものである。

小谷野 敦

【著者紹介】

小谷野 敦（こやの あつし）

1962（昭和37）年茨城県生まれ、埼玉県育ち。東京大学文学部英文科卒業、同大学院比較文学比較文化専攻博士課程修了、学術博士（比較文学）。大阪大学言語文化部助教授、国際日本文化研究センター客員助教授などを経て、文筆業。

おもな著書に、『〈男の恋〉の文学史』『もてない男』『江戸幻想批判』『聖母のいない国』『恋愛の昭和史』『谷崎潤一郎伝』『里見弴伝』『現代文学論争』『久米正雄伝』『文学賞の光と影』『日本恋愛思想史』『川端康成伝』ほか多数。小説に『悲望』『童貞放浪記』『母子寮前』（芥川賞候補）などがある。

2002年、『聖母のいない国』でサントリー学芸賞受賞。

ムコシュウト問題——現代の結婚論

2013（平成25）年8月15日　初版1刷発行

著　者　小谷野 敦

発行者　鯉渕 友南

発行所　株式会社 弘文堂　101-0062 東京都千代田区神田駿河台1の7
TEL 03（3294）4801　振替 00120-6-53909
http://www.koubundou.co.jp

装　丁　笠井亞子

組　版　スタジオトラミーケ

印　刷　大盛印刷

製　本　井上製本所

ISBN978-4-335-55157-4